韓国語 初級文法 ハンドブック

渡邊香織・朴庚卿・河正一

駿河台出版社

カバー・本文デザイン：小熊未央

はじめに

　本書は，韓国語の初級文法をまとめた文法書です。文法書とは言っても，言語学の専門用語の使用をなるべくおさえ，易しい言葉で説明するよう努めました。

　本書は文法1から文法64まで，計64の文法を扱っています。本書で扱う文法は，TOPIK I とハングル能力検定試験5〜4級までの範囲のものです。本書の構成は，以下のようになっています。

① 各章の冒頭で文法について具体的に説明し，活用の仕方を表にまとめてあります。
② 会話形式の例文や，用法ごとの例文を載せ，実際にどのようなシーンでその文法を使うのかを提示しました。
③ 練習問題は，単語を適切に活用できるよう練習するための「基本練習」，適切な助詞を補い会話文を完成させる「応用練習 I」と，翻訳問題からなる「応用練習 II」を用意しました。
⑤ 日本語話者が混同しやすい文法は，「比較してみよう」でその違いを詳しく説明しています。
⑥ 知っておくと便利な文法知識は「＋α」にまとめました。
⑦ 付録として，「助詞のまとめ」，「連体形のまとめ」，「変則のまとめ」，「待遇表現のまとめ」，「文法索引」をつけました。

　本書は，韓国語を独学している方，学校や韓国語教室で習っている方はもちろん，韓国語を教えている教師のマニュアルとしても使えるようになっています。特に，これまでの文法書ではあまり扱われてこなかった類似表現の微妙なニュアンスの違いや，より具体的な文法説明を加え，「痒いところに手が届く」文法書を目指しました。本書がみなさんの韓国語学習のお役に立てば幸いです。

著者一同

目　次

はじめに

〈凡例〉
・ 文法1から文法5までは，練習問題の単語に日本語訳をつけました。
・ 文法6以降も，難しい単語や意味が複数考えられる単語には，適宜訳をつけました。
・ 文法1から文法64までの応用練習には，例とその日本語訳をつけました。例を参考に，指示に従って問題を解いてください。
・ 応用練習は解答にも日本語訳がついています。答え合わせの際に参考にしてください。

합니다体「～です・ます」(丁寧形①)

学習目標 改まった丁寧形を覚えよう！

합니다体は，日本語の「です，ます」に当たる文末表現で，フォーマルな丁寧形です。

文の述語になる用言は，韓国語の場合，動詞，存在詞，形容詞，指定詞の４種類あります。

動詞	하다 (する), 먹다 (食べる), 만들다 (作る) など
存在詞	있다 (いる・ある), 없다 (いない・ない), 계시다 (いらっしゃる)
形容詞	크다 (大きい), 춥다 (寒い), 귀엽다 (可愛い) など
指定詞※	名詞+이다 (〜だ), 아니다 (〜ではない)

※指定詞とは，이다と아니다のことで，이다の前には名詞がつきます。

すべての用言は다という語尾で終わり，この形を基本形（辞書形）と言います。また，語尾の다を除いた部分を語幹と言います。

하	다
母音語幹	語尾

춥	다
子音語幹	語尾

만들	다
ㄹ語幹	語尾

用言の**합니다**体は以下の通りです。

活用	用言 / 語幹	합니다体
母音語幹＋ㅂ니다	하다 / 하	합니다 / 합니까?
ㄹ語幹【ㄹ脱落】＋ㅂ니다	만들다 / 만들	만듭니다 / 만듭니까?
子音語幹＋습니다	춥다 / 춥	춥습니다 / 춥습니까?

※합니다体の다를까に置き換えると疑問文になります。

A: 지금 뭐 합니까?　　　　　　　　今何していますか。

B: 학교에서 한국어를 공부합니다.

　　　　　　　　　　　　　　　　学校で韓国語を勉強しています。

C: 케이크를 만듭니다.　　　　　ケーキを作っています。

A: 오늘도 날씨가 춥습니까?　　今日も天気が寒いですか。

B: 아니요, 오늘은 따뜻합니다.　いいえ, 今日は暖かいです。

A: 학생입니까?　　　　　　　　　学生ですか。

B: 아니요, 회사원입니다.　　　　いいえ, 会社員です。

以下の表を完成させましょう。

먹다 (食べる)	먹습니다	먹습니까?
가다 (行く)		
살다 (住む)		
보다 (見る)		
읽다 (読む)		
자다 (寝る)		
마시다 (飲む)		
좋다 (良い)		
예쁘다 (きれいだ)		
길다 (長い)		
비싸다 (高い)		
맛없다 (不味い)		
재미있다 (面白い)		
없다 (ない・いない)		
있다 (いる・ある)		
주부이다 (主婦である)		
학생이다 (学生である)		

✎ 応用練習

I | 例のように適切な助詞を入れ，会話を完成させましょう。

> 例 A: 지금 (今) / 무엇 (何) / 하다 (する)
>
> 지금 무엇을 합니까? （今何をしていますか。）
>
> B: 도서관 (図書館) / 가다 (行く)
>
> 도서관에 갑니다. （図書館に行きます。）

1. A: 내일 (明日) / 시간 (時間) / 있다 (ある)

   B: 아니요 (いいえ) / 내일 (明日) / 시간 (時間) / 없다 (ない)

2. A: 친구 (友達) / 언제 (いつ) / 메일 (メール) / 보내다 (送る)

   B: 오후 (午後) / 메일 (メール) / 보내다 (送る)

3. A: 집 (家) / 학교 (学校) / 어떻게 (どのように) / 가다 (行く)

   B: 학교 (学校) / 전철 (電車) / 가다 (行く)

1. 彼氏にプレゼントをあげます。

   ....

2. マリさんとミカさんは歌手ですか。

   ....

3. どこで友達に会いますか。

   ....

4. 家から会社まで遠いですか。

   ....

5. 韓国の音楽をよく聞きます。

   ....

名詞＋라고 / 이라고 합니다
「～と言います」（人・物の名前の言い方）

学習目標 人や物の名前を言ってみよう！

　「名詞＋라고／이라고 합니다」は「～と申します」という意味で，自己紹介などの際に使います。また，「これは日本語で〇〇と言います」のように，物の名前などを説明する際にも使うことができます。

母音終わりの名詞＋라고 합니다	야마다라고 합니다.
子音終わりの名詞＋이라고 합니다	책이라고 합니다.

A: 이름이 무엇입니까?　　　名前は何ですか。

B: 저는 야마다 미카라고 합니다.　私は山田美香と申します。

A: 이건 한국어로 뭐라고 합니까?　これは韓国語で何と言いますか。

B: 책이라고 합니다.　　　책と言います。

基本練習

例のように変えましょう。

> 例 김고은　　　김고은이라고 합니다.

1. 다자키 미오

2. 김호준

3. 사진 (写真)

4. 의자 (椅子)

応用練習

Ⅰ　例のように適切な助詞を入れ，会話を完成させましょう。

> 例 A: 여동생 이름 (妹の名前) / 뭐 (何)
> 　　여동생 이름은 뭐라고 합니까? (妹の名前は何と言いますか。)
> B: 김고은
> 　　김고은이라고 합니다. (キムゴウンと言います。)

1. A: 고양이 (猫) / 이름 (名前) / 뭐 (何)

　　B: 고양이 (猫) / 이름 (名前) / 다마 (タマ)

2. A: 저것 (あれ) / 무엇 (何)

   B: 저것 (あれ) / 시계 (時計)

3. A: 子犬 / 한국어 (韓国語) / 뭐 (何)

   B: 강아지 (子犬)

日本語を韓国語に訳しましょう。

1. A: あの人の名前は何と言いますか。

   B: あの人の名前は鈴木香織と言います。

2. A: これは日本語で何と言いますか。

   B: それはりんごと言います。

3. A: 韓国でも広告をCM (시엠) と言いますか。

   B: いいえ, 韓国ではCF (시에프) と言います。

否定形「〜ではない・〜しない」

用言の否定形を覚えよう！

　動詞と形容詞の否定形は「語幹＋**지 않다**」と「**안**＋用言」の２種類あります。名詞は**가／이 아니다**を使います。「語幹＋**지 않다**」は文語や改まった場面で使われる傾向があり、「**안**＋用言」は口語でよく使われる傾向があります。また、**아름답다**（美しい）、**깨끗하다**（きれいだ）など、４音節以上の形容詞は「語幹＋**지 않다**」を使う場合が多くあります。

動詞 存在詞 形容詞	語幹＋지 않다	가다 ➡ 가지 않습니다
		먹다 ➡ 먹지 않습니다
	안＋用言	오다 ➡ 안 옵니다
		읽다 ➡ 안 읽습니다

※**있다**（いる・ある）の否定形は**없다**（いない・ない）を使う場合が多くあります。

母音終わりの名詞＋가 아니다	배우 ➡ 배우가 아닙니다
子音終わりの名詞＋이 아니다	학생 ➡ 학생이 아닙니다

　ただし、「名詞＋**하다**」の動詞は**안**を先頭に置かず、**하다**だけを否定し、「名詞 **안 하다**」の順になります。

　운동하다（運動する）　**운동 안 합니다**（○）
　　　　　　　　　　　　　　안 운동합니다（×）

🔑 A: 토요일에 학교에 갑니까?　　　　　土曜日に学校に行きますか。

B: 아니요, 가지 않습니다 / 안 갑니다.　　　いいえ, 行きません。

🔑 A: 회사원입니까?　　　　　会社員ですか。

B: 아니요, 회사원이 아닙니다.　いいえ, 会社員ではありません。

✏️ 基本練習

解答 P302

例のように以下の単語を否定形に変えましょう。

먹다 (食べる)	먹지 않습니다	안 먹습니다
다니다 (通う)		
살다 (住む)		
보다 (見る)		
읽다 (読む)		
시끄럽다 (うるさい)		
복잡하다 (複雑だ)		
예쁘다 (きれいだ)		
길다 (長い)		
공부하다 (勉強する)		
전화하다 (電話する)		
교사 (教師)	교사가 아닙니다	
가수 (歌手)		
학생 (学生)		

I 例のように適切な助詞を入れ，会話を完成させましょう。

> 例 A: 내일 (明日) / 회사 (会社) / 가다 (行く)
>
> 내일 회사에 갑니까? (明日会社に行きますか。)
>
> B: 아니요 (いいえ) / 내일 (明日) / 가다 (行く) / 모레 (明後日) /
> 가다 (行く)
>
> 아니요, 내일은 안 갑니다. 모레 갑니다
>
> (いいえ，明日は行きません。明後日行きます。)

1. A: 매일 (毎日) / 한국 음식 (韓国料理) / 먹다 (食べる)

   _____

   B: 아니요 (いいえ) / 매일 (毎日) / 먹다 (食べる) / 가끔 (時々) /
   먹다 (食べる)

   _____

2. A: 보통 (普通) / 헬스장 (ジム) / 운동하다 (運動する)

   _____

   B: 아니요 (いいえ) / 헬스장 (ジム) / 운동하다 (運動する) /
   공원 (公園) / 운동하다 (運動する)

   _____

3. A: 마크 씨 (マークさん) / 미국 사람 (アメリカ人)

   _____

   B: 아니요 (いいえ) / 미국 사람 (アメリカ人) / 독일 사람 (ドイツ人)

   _____

II 日本語を韓国語に訳しましょう。

1. トマトは果物ではありません。野菜です。

   ....

2. ここには先生はいません。学生しかいません。

   ....

3. なぜ今日は掃除しませんか。

   ....

4. 私の家族はキムチが好きではありません。

   ....

5. 少し寒くありませんか。

   ....

해요体「～です・ます」(丁寧形②)

学習目標 **カジュアルな丁寧形を覚えよう！**

　韓国語の丁寧体には，**합니다**体（文法1）のほかに，**해요**体があります。どちらも日本語の「～です・ます」に相当しますが，**합니다**体はやや硬い表現で，改まったシーンで主に用いられます。一方，**해요**体はカジュアルな場面で用いられます。**해요**体はイントネーションによって平叙文，疑問文，勧誘文，命令文として使うことが出来ます。

학교에 가요. （学校に行きます。） 平叙文	어디에 가요? （どこに行きますか。） 疑問文
같이 가요. （一緒に行きましょう。） 勧誘文	먼저 가요. （先に行ってください。） 命令文

　해요体は語幹末の母音によって活用が変わります。母音ㅏ，ㅗは陽母音，ㅏ，ㅗ以外は陰母音と言い，陽母音には**아요**をつけ，陰母音には**어요**をつけます。**하다**で終わる用言には**여요**をつけ**하여요**としますが，普通**해요**と縮約します。

活用	用言	해요体
陽母音＋아요	좋다	좋＋아요 ➡ 좋아요
陰母音＋어요	먹다	먹＋어요 ➡ 먹어요
하다 ➡ 해요	공부하다	공부＋해요 ➡ 공부해요

母音語幹の用言は縮約が起こります。

用言	活用	해요体
가다	ㅏ+아요=ㅏ요	가아요 ➡ 가요
서다	ㅓ+어요=ㅓ요	서어요 ➡ 서요
켜다	ㅕ+어요=ㅕ요	켜어요 ➡ 켜요
보내다	ㅐ+어요=ㅐ요	보내어요 ➡ 보내요
세다	ㅔ+어요=ㅔ요	세어요 ➡ 세요
마시다	ㅣ+어요=ㅕ요	마시어요 ➡ 마셔요
오다	ㅗ+ㅏ요=ㅘ요	오아요 ➡ 와요
배우다	ㅜ+어요=ㅝ요	배우어요 ➡ 배워요
되다	ㅚ+어요=ㅙ요	되어요 ➡ 돼요

名詞の場合，母音終わりの名詞には예요がつき，子音終わりの名詞には이에요がつきます。名詞の否定形**가/이 아니다**は가/이 아니에요になります。

母音終わりの名詞+예요	김치 ➡ 김치예요
子音終わりの名詞+이에요	회사원 ➡ 회사원이에요
母音終わりの名詞+가 아니에요	주부 ➡ 주부가 아니에요
子音終わりの名詞+이 아니에요	학생 ➡ 학생이 아니에요

A: **오늘 뭐 해요?** 今日何をしますか。

B: **영화를 봐요.** 映画を観ます。

A: 한국 사람이에요? 韓国人ですか。

B: 아니요, 한국 사람이 아니에요. 일본 사람이에요.
いいえ，韓国人ではありません。日本人です。

해요体から**요**をとると，いわゆるタメ口になります。

A: 오늘 뭐 해? 今日何するの？

B: 학교에 가. 学校に行くよ。

以下の表を完成させましょう。

살다 (住む)	살아요	살아요?
좋다 (良い)		
읽다 (読む)		
자다 (寝る)		
건너다 (渡る)		
펴다 (広げる)		
맑다 (晴れる)		
보다 (見る)		
내다 (出す)		
외우다 (覚える)		
흐리다 (曇る)		
건네다 (渡す)		
시작되다 (始まる)		
공부하다 (勉強する)		
편리하다 (便利だ)		
가수 (歌手)		
일본 사람 (日本人)		

I 例のように適切な助詞を入れ，会話を完成させましょう。

> 例 A: 내일 (明日) / 누구 (誰) / 만나다 (会う)
>
> 　내일 누구를 만나요? (明日誰に会いますか。)
>
> B: 남자 친구 (彼氏) / 만나다 (会う)
>
> 　남자 친구를 만나요. (彼氏に会います。)

1. A: 무슨 (何の) / 스포츠 (スポーツ) / 좋아하다 (好きだ)

　　B: 축구 (サッカー) / 좋아하다 (好きだ)

2. A: 집 (家) / 대학교 (大学) / 몇 시간 (何時間) / 걸리다 (かかる)

　　B: 지하철 (地下鉄) / 한 시간 (一時間) / 걸리다 (かかる)

3. A: 다나카 씨 (田中さん) / 직업 (職業) / 공무원 (公務員)

　　B: 아뇨 (いいえ) / 공무원이 아니다 (公務員ではない) /
　　　변호사 (弁護士)

4. A: 생일 선물 (誕生日プレゼント) / 뭐 (何) / 주다 (あげる)

   B: 손수건 (ハンカチ) / 귀걸이 (ピアス) / 주다 (あげる)

5. A: 사과 (りんご) / 얼마 (いくら) / 팔다 (売る)

   B: 3개 (3個) / 2000원 (2000ウォン) / 팔다 (あげる)

Ⅱ 日本語を韓国語に訳しましょう。

1. 会社までタクシーでいくらかかりますか。　　　*かかる 나오다/들다

2. スポーツの中で何が一番人気ですか。

3. 佐藤さんは日本語の先生ではありません。

4. 今度の休暇はヨーロッパへ旅行に行きます。

5. 今日の昼食は中国料理にしましょう。

6. 来年の4月に会社員になります。

過去形「〜だった・〜した」

　過去の出来事を言ってみよう！

　用言語幹に**았/었**をつけると過去形の基本形になります。語幹末の母音が陽母音であれば**았**を，陰母音であれば**었**をつけます。**합니다**体の場合は**았습니다／었습니다**となり，**해요**体の場合は**았어요／었어요**となります。

　하다で終わる用言は**하였**をつけますが，普通は**했**と縮約します。**합니다**体の場合は**했습니다**，**해요**体の場合は**했어요**となります。

活用	用言	過去形の基本形	합니다体	해요体
陽母音+았	좋다	좋았다	좋았습니다	좋았어요
陰母音+었	먹다	먹었다	먹었습니다	먹었어요
하다 ➡ 했	하다	했다	했습니다	했어요

　母音語幹の用言は**해요**体（文法4）と同様に，縮約が起きます。

用言	活用	過去形の基本形	합니다体	해요体
가다	ㅏ+았=았	갔다	갔습니다	갔어요
서다	ㅓ+었=었	섰다	섰습니다	섰어요
켜다	ㅕ+었=였	켰다	켰습니다	켰어요
내다	ㅐ+었=앴	냈다	냈습니다	냈어요
세다	ㅔ+었=엤	셌다	셌습니다	셌어요

마시다	ㅣ+었=였	마셨다	마셨습니다	마셨어요
보다	ㅗ+았=왔	봤다	봤습니다	봤어요
배우다	ㅜ+었=웠	배웠다	배웠습니다	배웠어요
되다	ㅚ+었=왰	됐다	됐습니다	됐어요

名詞の場合は，母音終わりの名詞には였がつき，子音終わりの名詞には이었がつきます。名詞の否定形가/이 아니다は가/이 아니었다になります。

합니다体の場合は**였습니다/이었습니다**となり，**해요**体の場合は**였어요/이었어요**となります。否定形は**합니다**体の場合**가/이 아니었습니다**，**해요**体の場合**가/이 아니었어요**となります。

母音終わりの名詞＋였	가수 ➡ 가수였습니다 가수였어요
子音終わりの名詞＋이었	학생 ➡ 학생이었습니다 학생이었어요
母音終わりの名詞＋가 아니었	배우 ➡ 배우가 아니었습니다 배우가 아니었어요
子音終わりの名詞＋이 아니었	회사원 ➡ 회사원이 아니었습니다 회사원이 아니었어요

A: 주말에 뭐 했어요? 週末に何をしましたか。

B: 집에서 영화를 봤어요. 家で映画を観ました。

A: 어떤 영화였어요? どんな映画でしたか。

B: 코미디 영화였어요. コメディー映画でした。

以下の表を完成させましょう。

먹다 (食べる)	먹었습니다	먹었어요
가다 (行く)		
살다 (住む)		
보다 (見る)		
건너다 (渡る)		
펴다 (広げる)		
읽다 (読む)		
맑다 (晴れる)		
외우다 (覚える)		
흐리다 (曇る)		
건네다 (渡す)		
시작되다 (始まる)		
공부하다 (勉強する)		
편리하다 (便利だ)		
배우 (俳優)		
회사원 (会社員)		

解答P304

Ⅰ 例のように適切な助詞を入れ，過去形を使って会話を完成させましょう。

> 例 A: 어제 (昨日) / 누구 (誰) / 만나다 (会う)
>
>   어제 누구를 만났어요?　(昨日誰に会いましたか。)
>
> B: 대학교 (大学) / 선배 (先輩)
>
>   대학교 선배를 만났어요.　(大学の先輩に会いました。)

1. A: 옛날 (昔) / 여기 (ここ) / 뭐 (何) / 있다 (ある)

   B: 몇 년 전 (数年前) / 병원 (病院) / 있다 (ある)

2. A: 어제 (昨日) / 회의 (会議) / 참석하다 (出席する)

   B: 저 (私) / 참석하지 않다 (出席しない)

3. A: 초등학생 때 (小学生のとき) / 꿈 (夢) / 뭐 (何)

   B: 제 (私の) / 꿈 (夢) / 모델 (モデル)

4. A: 누가 (誰が) / 학생회장 (学生会長) / 되다 (なる)

   B: 미카 (ミカ) / 학생회장 (学生会長) / 되다 (なる)

5. A: 어제 (昨日) / 얼마나 (どのくらい) / 기다리다 (待つ)

   B: 역 (駅) / 30분 (30分) / 기다리다 (待つ)

6. A: 졸업 선물 (卒業プレゼント) / 뭐 (何) / 받다 (もらう)

   B: 부모님 (両親) / 노트북 (ノートパソコン) / 받다 (もらう)

Ⅱ　日本語を韓国語に訳しましょう。

1. ソウルの昔の名前は何と言いましたか。

2. 高校3年のときは毎日図書館に通いました。

3. 以前はレジ袋が有料ではありませんでした。　　　　*レジ袋 비닐봉투

4. うちの娘は去年まで小学生でした。　　　　*うちの娘 우리 딸

5. 教室に一人しかいませんでした。

6. ここまで自転車で1時間もかかりませんでした。

文法 6

尊敬語①
現在形・過去形「〜でいらっしゃる・
〜なさる, 〜でいらっしゃった・〜なさった」

学習目標　主語を高める尊敬形を覚えよう！

1　尊敬の現在形　用言語幹＋시 / 으시

用言語幹に시 / 으시をつけると「なさる / でいらっしゃる」という意味の尊敬の基本形となります。ただし, ㄹ語幹の場合はㄹを脱落させて시をつけます。名詞の場合は이시をつけます。

動詞 存在詞 形容詞	母音語幹＋시	가다 ➡ 가시다
	ㄹ語幹【ㄹ脱落】＋시	알다 ➡ 아시다
	子音語幹＋으시	작다 ➡ 작으시다

| 母音終わりの名詞＋(이)시 | 교사 ➡ 교사(이)시다 |
| 子音終わりの名詞＋이시 | 사장님 ➡ 사장님이시다 |

※母音終わりの名詞の場合, 이시の이はよく省略されます。

尊敬形の基本形	합니다体	해요体
가시다	가십니다	가셔요 ➡ 가세요
작으시다	작으십니다	작으셔요 ➡ 앉으세요
아시다	아십니다	아셔요 ➡ 아세요

尊敬形の基本形	합니다体	해요体
교사(이)시다	교사(이)십니다	교사(이)셔요 ➡ 교사(이)세요
사장님이시다	사장님이십니다	사장님이셔요 ➡ 사장님이세요

※現代韓国語では셔요より세요が一般的です。

2 尊敬の過去形　用言語幹＋셨／으셨

尊敬の過去形を作る場合は，用言語幹に**셨／으셨**をつけます。ただし，ㄹ語幹の場合は，ㄹを脱落させて**셨**をつけます。名詞の場合は**이셨**をつけます。

動詞 存在詞 形容詞	母音語幹＋셨	가다 ➡ 가셨다
	ㄹ語幹【ㄹ脱落】＋셨	알다 ➡ 아셨다
	子音語幹＋으셨	작다 ➡ 앉으셨다

母音終わりの名詞＋(이)셨	교사 ➡ 교사(이)셨다
子音終わりの名詞＋이셨	사장님 ➡ 사장님이셨다

※母音終わりの名詞の場合，이셨の이はよく省略されます。

尊敬形の過去形	합니다体	해요体
가셨다	가셨습니다	가셨어요
작으셨다	작으셨습니다	작으셨어요
아셨다	아셨습니다	아셨어요

尊敬形の過去形	합니다体	해요体
교사(이)셨다	교사(이)셨습니다	교사(이)셨어요
사장님이셨다	사장님이셨습니다	사장님이셨어요

韓国語では主語もしくは動作主が目上の人の場合は，形容詞にも尊敬形が使われます。

선생님은 키가 크세요.　　　　　　　　　先生は背が高いです。

선생님, 그 영화 재미있으셨어요?

先生，あの映画面白かったですか。

尊敬形のまとめ

用言	尊敬の基本形	합니다体	해요体
가다	가시다 가셨다	가십니다 가셨습니다	가세요 가셨어요
작다	작으시다 작으셨다	작으십니다 작으셨습니다	작으세요 작으셨어요
알다	아시다 아셨다	아십니다 아셨습니다	아세요 아셨어요
교사	교사(이)시다 교사(이)셨다	교사(이)십니다 교사(이)셨습니다	교사(이)세요 교사(이)셨어요
사장님	사장님이시다 사장님이셨다	사장님이십니다 사장님이셨습니다	사장님이세요 사장님이셨어요

例のように表を完成させましょう。

오다	오시다 오셨다	오십니다 오셨습니다	오세요 오셨어요
모르다			
주다			
받다			
기다리다			
찾다			
힘들다			
맛있다			
재미없다			
멀다			
회사원			
의사			

I 例のように適切な助詞を入れ，会話を完成させましょう。

> 例 A: 요즘 / 일 / 많이 / 힘들다
>
> 　　요즘 일이 많이 힘드세요? （最近仕事がとても大変ですか。）
>
> B: 아뇨 / 힘들다
>
> 　　아뇨, 힘들지 않아요. 　　（いいえ，大変ではありません。）

1. A: 민아 씨 / 대학생

   B: 아뇨 / 대학생

2. A: 집 / 학교 / 멀다

   B: 아뇨 / 멀다 / 전철 / 10분 / 걸리다

3. A: 일본 노래 / 좋아하다

   B: 아뇨 / 좋아하다 / 케이팝 / 좋아하다 　　　　*케이팝 K-pop

4. A: 작년 / 한국 / 가다 　（過去形）

   B: 아뇨 / 가다

5. A: 요즘 / 어디 / 무엇 / 배우다

   B: 요즘 / 아무것도 / 배우다

6. A: 아까 / 저 / 전화하다 (過去形)

   B: 아뇨 / 전화하다

II | 日本語を韓国語に訳しましょう。

1. 昨日はどちらでミラさんに会われましたか。

2. どちら様ですか。

3. お父さんは旅行に行かれませんでしたか。

4. 明日もお時間ありませんか。

5. 果物屋の社長がりんご5個を1000円でお売りになりました。

6. 須藤先生もその話をご存知ですか。

文法 7

尊敬語②
特殊尊敬語，名詞・助詞の尊敬語，謙譲語
「召し上がる，〜におかれましては，など」

| 学習目標 | 尊敬語の特殊例と名詞・助詞の敬語を覚えよう！ |

1 特殊敬語

　日本語で「食べる」が尊敬語になると「召し上がる」に変わるように，日本語と同じく韓国語にも形が変わる特殊尊敬語があります。特殊尊敬語には尊敬の意が既に含まれているので，活用の際시 / 으시をつけないように注意しましょう。

用言	尊敬形の基本形	現在形	過去形
먹다 마시다	드시다 / 잡수시다 召し上がる	드세요 잡수세요	드셨어요 잡수셨어요
자다	주무시다 お休みになります	주무세요	주무셨어요
말하다	말씀하시다 おっしゃる	말씀하세요	말씀하셨어요
죽다	돌아가시다 亡くなります	돌아가세요	돌아가셨어요
있다	계시다 いらっしゃる	계세요	계셨어요
없다	안 계시다 いらっしゃらない	안 계세요	안 계셨어요

※있다/없다는 主語가 人의 경우는 계시다/안 계시다를 사용하고, 主語가 物의 경우는, 있으시다/없으시다를 사용합니다.

🔑 선생님은 어디에 계십니까? 先生はどこにいらっしゃいますか。
몇 시에 약속이 있으세요? 何時に約束がおありでしょうか。

	有	無
人	계시다	안 계시다
物	있으시다	없으시다

ただし、**있다/없다**가 主体の所有の意味で使われる場合は、人と物を問わず**있으시다/없으시다**를 사용합니다.

🔑 선생님, 우산 있으세요? 先生, 傘持っていらっしゃいますか。
미라 씨는 남자 친구 있으세요? ミラさんは彼氏いますか。

2 名詞の尊敬形

一部の名詞にも尊敬形があります。

이름	名前	성함	お名前	나이	歳	연세	お歳
말	話	말씀	お話	사람	人	분	方
집	家	댁	お宅	사장	社長	사장님	社長様
밥	ご飯	진지	お食事	아버지	お父さん	아버님	お父様
생일	誕生日	생신	お誕生日	어머니	お母さん	어머님	お母様

3 助詞の尊敬形

助詞の尊敬形は以下の3つだけです。

는/은 「は」	가/이 「が」	에게 (한테) 「に」
➡ 께서는	➡ 께서	➡ 께

사장님께서는 지금 안 계십니다.

社長は今おりません / いらっしゃいません。

선생님께서 말씀하십니다. 先生がおっしゃいます。

부장님께 보내셨어요? 部長にお送りになりましたか。

4 謙譲語

韓国語にも日本語と同様に謙譲語がありますが, 現代韓国語で使われるものは限られています。

주다 (あげる)	드리다 (さしあげる)
만나다 (会う)	뵙다 (お目にかかる)
말하다 (話す)	말씀드리다 (申し上げる)
묻다 (尋ねる)	여쭈다, 여쭙다 (伺う)

처음 뵙겠습니다. 初めてお目にかかります。

어머니께 선물을 드렸어요. お母さんにプレゼントを差し上げました。

+α 세요/으세요「〜してください」

尊敬の現在形세요/으세요は，指示や案内をする場面でも使われます。なお，改まった場面では，십시오/으십시오が使われます。

이쪽으로 앉으세요.　　　　　こちらへお掛けください。

여기에 이름을 쓰세요.　　　ここにお名前をお書きください。

또 오십시오.　　　　　　　　またお越しください。

여기서 잠시만 기다리십시오.　ここで少々お待ちください。

✎ 応用練習

解答P307

Ⅰ　例のように下線部を尊敬形に変えましょう。

例　A: 고은 씨, 할아버지가 밥을 먹었어요?

(ゴウンさん，お祖父さんはご飯を食べましたか。)

　　B: 아뇨, 오늘은 안 먹었어요.　(いいえ，今日は食べていません。)

→　A: 고은 씨, 할아버지께서 진지를 드셨어요

(ゴウンさん，お祖父さんはお食事を召し上がりましたか。)

　　B: 아뇨, 오늘은 안 드셨어요.

(いいえ，今日は召し上がっていません。)

---

1. A: 일본어 선생님은 한국 사람이에요?

　　B: 아뇨, 일본 사람이에요.

---

2. A: 사장님은 지금 여기 있어요?

   B: 아뇨, 없어요. 외출했어요.

3. A: 어머니는 어제 뭐 했어요?

   B: 할아버지 집에 갔어요.

4. A: 아버지가 경찰이에요?

   B: 재작년까지 경찰이었어요. 지금은 요리사예요.

5. A: 미쿠 씨는 한국 친구가 있어요?

   B: 아뇨, 없어요.

6. A: 할머니한테 생일 선물로 무엇을 줬어요?

   B: 아무것도 안 줬어요.

1. ここから先生のお宅までどれくらいかかりますか。

   ....

2. 昨日会議で社長が何とおっしゃいましたか。

   ....

3. お祖父さんは病院で亡くなられましたか。

   ....

4. 私が先生に申し上げました。

   ....

5. ここで3番電車にお乗りください。

   ....

6. お客様，こちらでお待ちください。

   ....

+α　名詞+가/이 어떻게 되십니까? / 되세요?

　これは名前や年齢などを尋ねる際に使われる定番の尊敬語表現です。直訳すると「～がどのようになられますか」という意味になります。例えば，**이름이 뭐예요?** を尊敬語を使って尋ねると**성함이 어떻게 되세요?** となります。

・「名詞+가/이 어떻게 되십니까/되세요?」を使って聞いてみましょう。

전화번호	電話番号	
고향	故郷	
연세	お歳	
형제	兄弟	

用言語幹+지만「〜けれども，〜が」（対比・逆接）

「用言語幹+**지만**」は，対比や逆接の意味を表します。丁寧体では「**합니다만**（〜ですけれども，〜ですが）」が使われます。

動詞・存在詞・形容詞語幹+지만	먹다 ➡ 먹지만
名詞+이지만	교사 ➡ 교사(이)지만 학생 ➡ 학생이지만

※母音終わりの名詞は，이がよく省略されます。

【対比】　언니는 키가 크지만 저는 작아요.

　　　　　　　　　　　　　　　姉は背が高いけど，私は小さいです。

저는 책을 많이 읽지만 동생은 별로 안 읽어요.

　　　　　　　　　　　　私は本をたくさん読むけど，弟（妹）はあまり読みません。

여름은 좀 덥습니다만 겨울은 따뜻합니다.

　　　　　　　　　　　　　　夏はちょっと暑いですけど，冬は暖かいです。

【逆接】　주말이지만 회사에 가요.　　　　週末だけど，会社に行きます。

좀 비싸지만 맛있어요.　　　　ちょっと高いけど，美味しいです。

열심히 공부했지만 시험에 떨어졌어요.

　　　　　　　　　　　　　一生懸命勉強したけど，試験に落ちました。

例のように表を完成させましょう。

보다	보지만	봤지만	보시지만	보셨지만
받다				
쉬다				
살다				
일하다				
공무원				
주부				

✎ 応用練習

解答P308

Ⅰ | 例のように適切な助詞を入れ、会話を完成させましょう。

例 A: 휴일 / 뭐 / 하시다
　　 휴일에 뭐 하세요?　　　　　（休日に何しますか。）

　 B: 휴일 / 회사 / 가다
　　 휴일이지만 회사에 가요.　（休日ですが会社に行きます。）

1. A: 새 집 / 마음 / 들다

　　 B: 거실 / 넓다 / 방 / 좁다

2. A: 김치 / 자주 / 드시다

   B: 어머니 / 자주 / 드시다 / 저 / 안 먹다

3. A: 상호 씨 / 연락 / 왔다

   B: 아뇨 / 메일 / 보냈다 / 답장 / 없다

Ⅱ | 日本語を韓国語に訳しましょう。

1. 韓国語は難しいけど，面白いです。

2. 今年の3月まで大学生でしたが，4月から会社員になりました。

3. 先生は行かれましたが，私は行きませんでした。

用言語幹＋고「～て，で」
（動作の完了・羅列）

接続表現고を覚えよう！

「用言語幹＋고」は，2つ以上の動作や状態を羅列する際に使います。また，動詞の語幹につけると前の動作が完了した後に次の動作が行われることを表します。

動詞・形容詞・存在詞語幹＋고	가다 ➡ 가고 좋다 ➡ 좋고
名詞＋이고	주부 ➡ 주부(이)고 학생 ➡ 학생이고

※母音終わりの名詞では，이がよく省略されます。

【完了】　A: 어제 뭐 했어요?　　　　　　　　　　昨日何しましたか。

　　　　　B: 오전에 청소하고 오후에 낮잠을 잤어요.

　　　　　　　　　　　　　　　　　午前は掃除して午後は昼寝しました。

【羅列】　A: 히카루 씨는 어떤 사람이에요?

　　　　　　　　　　　　　　　　　　　ヒカルさんはどんな人ですか。

　　　　　B: 친절하고 성실해요.　　　　　　親切で誠実です。

以下の表を完成させましょう。

보다	보고	봤고	보시고	보셨고
읽다				
자다				
있다				
복잡하다				
의사				
공무원				

応用練習

I   例のように適切な助詞を入れ，会話を完成させましょう。

例   A: 보통 / 집 / 뭐 / 하다
　　　보통 집에서 뭐 해요?　　　（普通家で何しますか。）
　　B: 드라마 / 보다 / 소설 / 읽다
　　　드라마를 보고 소설을 읽어요.　（ドラマを見て，小説を読みます。）

1. A: 수진 씨 / 유미 씨 / 직업 / 뭐

   B: 수진 씨 / 간호사 / 유미 씨 / 영화 감독

2. A: 요즘 / 부모님 / 어떻게 / 지내다 (尊敬形)

   B: 아버지 / 골프 / 치다 / 어머니 / 영어 / 배우다 (尊敬形)

3. A: 저녁 / 뭐 / 먹다

   B: 저 / 짜장면 / 먹다 / 동생 / 짬뽕 / 먹다

Ⅱ   日本語を韓国語に訳しましょう。

1. 昨日はテレビも見ず，本も読まず寝ました。

2. 浅野さんは性格も良くて人気もあります。(尊敬形)

3. お父さんは教授でお母さんは作家です。(尊敬形)

動詞語幹＋고 싶다 / 싶어하다
「〜したい / したがる」（希望・願望）

学習目標 希望や願望の表現を覚えよう！

　希望を表す「動詞語幹＋**고 싶다**」は，日本語の「〜したい」に当たります。第3者の希望は動詞語幹に**고 싶어하다**をつけます。

話し手・聞き手の希望 動詞語幹＋**고 싶다**	먹다 ➡ 먹고 싶습니다/싶어요.
第3者の希望 動詞語幹＋**고 싶어하다**	먹다 ➡ 먹고 싶어합니다/싶어해요.

※日本語は「〜がしたい」のように助詞「が」が使われるのに対し，韓国語は를/을 하고 싶다のように目的格助詞にあたる를/을が主に使われます。

A: **무엇을 먹고 싶어요?**　　何を食べたいですか。

B: **짜장면을 먹고 싶어요.**　ジャージャー麺を食べたいです。

소라 씨는 한국에 가고 싶어해요.

ソラさんは韓国へ行きたがっています。

　なお，「〜したくない / したがらない」は，主に「語幹＋**지 않다**」の否定形が使われます。

그 영화는 보고 싶지 않아요.　　その映画は見たくありません。

쇼타는 밖에서 놀고 싶어하지 않아요.

翔太は外で遊びたがりません。

例のように変えましょう。

놀다	놀고 싶다	놀고 싶지 않다
만나다		
받다		
찍다		
먹다	먹고 싶어하다	먹고 싶어하지 않다
찾다		
말하다		
알다		

応用練習

Ⅰ 例のように適切な助詞を入れ，会話を完成させましょう。

例 A: 한국/무엇/하다

한국에서 무엇을 하고 싶어요? （韓国で何をしたいですか。）

B: 콘서트/가다/티켓/없다

콘서트에 가고 싶지만 티켓이 없어요.

（コンサートに行きたいですが，チケットがありません。）

1. A: 여름 방학 때 / 뭐 / 하다

   B: 운전 학원 / 다니다 / 시간 / 없다

2. A: 오늘 / 저녁 / 뭐 / 만들다

   B: 카레 / 만들다 / 가족 / 싫어하다

3. A: 고등학생 때 / 뭐 / 되다　(過去形)

   B: 유튜버 / 되다 / 지금 / 컴퓨터 전문가 / 되고 싶다

Ⅱ　日本語を韓国語に訳しましょう。

1. 友達は車を欲しがっていますが, 私は家が欲しいです。

*欲しい　갖고 싶다

2. 祖父は母にしか会いたがりません。(尊敬形)

3. 卒業後, 姉は留学に行きたがっていて, 兄は就職したがっています。

用言語幹＋아서/어서「～て，～ので」
（動作の先行・理由）

学習目標　아서/어서の２つの意味を覚えよう！

「用言語幹＋아서/어서」は前後の関連性がある動作の先行を表します。また，後ろの動作・状態の理由・原因を表すこともできます。

陽母音＋아서	가다	가+아서 ➡ 가서
陰母音＋어서	먹다	먹+어서 ➡ 먹어서
하다 ➡ 해서	말하다	말+해서 ➡ 말해서

名詞につく場合は以下のようになります。

母音終わりの名詞＋여서/라서	친구 ➡ 친구여서/친구라서
子音終わりの名詞＋이어서/이라서	학생 ➡ 학생이어서/학생이라서

※話し言葉では라서/이라서の方が使われる傾向があります。

【先行】 A: 퇴근 후에 뭐 해요?　　　退勤後に何をしますか。

B: 극장에 가서 연극을 봐요. 劇場に行って演劇を観ます。

A: 이거 어떻게 먹어요?　　　これどうやって食べますか。

B: 치즈에 찍어서 먹어요.　　チーズにつけて食べます。

【理由】 A: 왜 요즘 운동 안 하세요?

なぜ最近運動されないんですか。

B: 시간이 없어서 운동 안 해요. /

시간이 없어서요.

時間がなくて運動していません。/時間がなくてです。

※아서/어서に直接요をつけて文章を終わらせることもできます。

A: 왜 술을 안 마셔요?　　　なぜお酒を飲まないんですか。

B: 아직 학생이어서 마실 수 없어요. /

아직 학생이어서요.

まだ学生なので飲めません。/まだ学生だからです。

時制を表す았/었や겠とは一緒に使えないので注意しましょう。

🔑 어제는 비가 왔어서 길이 막혔어요.

어제는 비가 와서 길이 막혔어요.

昨日は雨が降ったので，道が混みました。

以下の表を完成しましょう。

보다	봐서	보셔서
잡다		
편리하다		
많다		
외우다		
사장님		
운동선수		

応用練習

Ⅰ | 例のように適切な助詞を入れ，会話を完成させましょう。

例 A: 왜 / 어제 / 택시 / 가다
　　 왜 어제 택시로 갔어요?　　（なぜ昨日タクシーで行ったんですか？）

　 B: 늦다 / 택시 / 가다
　　 늦어서 택시로 갔어요. / 늦어서요.

　　　　（(時間が) 遅いのでタクシーで行きました。/ 遅くてです。）

1. A: 왜 / 어제 / 안 오다

　 B: 열 / 있다 / 안 가다

2. A: 왜 / 케이크 / 만들다

B: 오늘 / 친구 / 생일 / 만들다

3. A: 왜 / 아버지 / 일찍 / 자다   (尊敬形)

B: 아침 / 일찍 / 출근하다 / 일찍 / 자다

Ⅱ | 日本語を韓国語に訳しましょう。

1. 父が韓国人で母はアメリカ人なので，韓国語も英語も分かります。

2. 時間があまりないけど，会いたくて来ました。

3. 1万円ずつ集めてプレゼントを買います。   *集める 걷다

4. お昼ご飯はコンビニで買って食べます。

5. まず教室に入って挨拶してください。

6. いつも映画はDVDを借りて見ます。

고は前後の動作に関連性がなく，並列や時間的順序を表します。それに対し，**아서/어서**（先行）は前後の動作に関連性があり，前の動作が行われなければ後ろの動作が成立しません。

例 **카페에 가고 친구를 만나요.** カフェに行って，（別の場所で）友だちと会う。

카페에 가서 친구를 만나요. カフェに行って，（そのカフェで）友だちと会う。

また，着用動詞など一部の動詞は**아서/어서**を使わず，**고**を使います。**아서/어서**が使えない主な動詞は以下の通りです。

입다 着る	들다 （手に）持つ
신다 履く	가지다 持つ，所有する
쓰다 かぶる，（傘を）さす	타다 （乗り物に）乗る

例 **버스를 타고 / 타서 학교까지 가요.** バスに乗って学校まで行きます。

✎ 練習問題

解答P311

（　）の中からふさわしいものを選びましょう。

1. 오랜만에 기모노를 (입고 / 입어서) 가요.

2. 도서관에 (가고 / 가서) 책을 빌렸어요.

3. 비가 (오고 / 와서) 우산을 샀어요.

動詞語幹+아/어 주다 「～してあげる/くれる」(授受)

学習目標　「あげる」「くれる」の表現を覚えよう！

주다は「あげる」と「くれる」両方の意味で使われます。

주다	あげる	드리다 (謙譲)	差し上げる
	くれる	주시다 (尊敬)	くださる

친구가 저에게 CD를 줍니다.　　　　友達が私にCDをくれます。

제가 미카 씨에게 토마토 주스를 줬어요.

私がミカさんにトマトジュースをあげました。

손님 여러분께 사은품을 드립니다.

お客様に謝恩品を差し上げます。

선생님께서 저에게 책을 주셨어요.

先生が私に本をくださいました。

1 「動詞語幹+아/어 주다」

動詞語幹に아/어 주다をつけると「～してあげる/くれる」という意味になります。

陽母音+아 주다	사다	사+아 주다 ➡ 사 주다
陰母音+어 주다	만들다	만들+어 주다 ➡ 만들어 주다
하다 ➡ 해 주다	말하다	말+해 주다 ➡ 말해 주다

친구가 저에게 CD를 사 줍니다.　友達が私にCDを買ってくれます。

제가 미카 씨에게 토마토 주스를 만들어 줬어요.

私がミカさんにトマトジュースを作ってあげました。

선생님께서 저에게 사진을 찍어 주셨어요.

先生が私に写真を撮ってくださいました。

2 「動詞語幹＋아/어 주세요」

　動詞語幹に**아/어 주세요** (**주다**の尊敬形) をつけると「〜してください」という意味の依頼表現になります。より丁寧な依頼表現「〜して頂けますか/くださいますか」は「動詞語幹＋**아/어 주시겠어요?**」になります。

依頼表現 動詞語幹＋아/어 주세요.	보여 주세요. 見せてください。
丁寧な依頼表現 動詞語幹＋아/어 주시겠어요?	보여 주시겠어요? 見せて頂けますか?

※依頼表現には動詞の前に**좀** (ちょっと) を入れた表現がよく使われます。**좀**を入れることで，より柔らかい依頼表現になります。

 창문 좀 열어 주세요.　　　窓をちょっとあけてください。

에어컨 좀 켜 주시겠어요?　エアコンをちょっとつけて頂けますか。

＋α 아/어 주세요「～してください」

　日本語の「～してください」は，韓国語では「動詞語幹＋아/어 주세요」と「動詞語幹＋세요/으세요」（文法7敬語②参照）の2つの表現がありますが，意味が異なるので，使い方に注意しましょう。

창문을 닫아 주세요. 窓を閉めるようにお願いする。

(話し手の依頼)

창문을 닫으세요. 窓を閉めるように指示する。

(相手のための指示・案内)

---

3 **注意すべき授受表現**

　日本語の「～してもらう」は韓国語にする際，注意が必要です。

　「もらう」にあたる韓国語は**받다**で，「～してもらう」を韓国語にすると「動詞語幹＋**아/어 받다**」になります。しかし，このような韓国語の表現はありません。以下の例を見てみましょう。

①友達に本をもらいました。

　친구에게 책을 받았어요.
②友達に本を買ってもらいました。

　친구에게 책을 사 받았어요.

　①のように「(名詞) をもらう」は**받다**を使って，**를/을 받다**と表現することができます。しかし，②の「(動詞) てもらう」を直訳した**아/어 받다**という表現は使いません。「Aにしてもらう」は「Aがしてくれる」のように動作を行った人を主語にし，③のように**아/어 주다**を使って表現する必要があります。

③友達に本を買ってもらいました。

　➡ 友達が本を買ってくれました。

　친구가 책을 사 줬어요.

なお，「〜して頂く」も「〜してもらう」と同様に，動作を行った人を主語にした文に変えて「動詞語幹＋아/어 주시다」を使って表現します。

先生に学校を案内して頂きました。
→ 先生が学校を案内してくださいました。

선생님께서 학교를 안내해 주셨어요.

4 「動詞語幹＋아/어 드리다」

目上の人に何かをしてあげる際は，謙譲表現「動詞語幹＋아/어 드리다」を使います。

손님 여러분께 사은품을 보내 드립니다.

お客様に謝恩品を送って差し上げます／お送りいたします。

제가 짐을 들어 드렸어요.

私が荷物を持って差し上げました／お持ちしました。

선생님께 이 이야기를 전해 드리세요.

先生にこの話を伝えて差し上げてください／お伝えください。

전화하다,연락하다のような一部の「名詞＋하다」の動詞は아/어 드리다 より「名詞＋드리다」の形をよく使います。

죄송해요. 지금 회의 중이라서 나중에 다시 전화 드릴게요.

すみません。今会議中なので，後でお電話差し上げます／かけ直します／お電話致します。

例のように変えましょう。

닫다	닫아 줘요	닫아 주세요	닫아 주시겠어요
켜다			
세우다			
전하다			
치우다			
빌리다			
들다			

応用練習

解答P312

Ⅰ-1 | 例のように，与えられた状況に相応しい依頼文を完成させましょう。

例 짐이 많아요. (문 / 열다)　　　　　　　　　(荷物が多いです。)

문 좀 열어 주세요 / 주시겠어요?

(ドアをちょっと開けてください。／（開けて）いただけますか。)

1. 길을 모르겠어요. (길 / 가르치다)

---

2. 우산이 없어요. (우산 / 빌리다)

---

3. 사이즈가 안 맞아요. (사이즈 / 바꾸다)

> 例 A: 이건/누구/만들다
> 　　이건 누가 만들었어요? 　　　　　　　　　（これは誰が作りましたか。）
> 　B: 저/생일/할아버지/만들다 (아/어 주시다)
> 　　제 생일이어서 할아버지께서 만들어 주셨어요.
> 　　　　　　　　　（私の誕生日なのでお祖父さんが作ってくださいました。）

1. A: 숙제/어떻게/알다

　 B: 친구/전화하다/가르치다 (아/어 주다)

2. A: 그/가방/새로/사다

　 B: 네/세일하다/어머니/사다 (아/어 주시다)

3. A: 왜/내 CD /친구/빌려 주다

　 B: 친구/듣고 싶어하다/빌려 주다 (아/어 주다)

1. 荷物が多かったので，社長がドアを開けてくださいました。

2. その方に結婚式の写真をお見せしました。

3. 韓国語で話したいです。韓国人の友達を紹介してください。

4. 日本語が下手なので，友達に教えてもらいました。　　　*下手だ 못하다

5. （電話で）失礼ですが，金先生に代わって頂けますか。

6. すみません。このテーブルをちょっと片付けて頂けますか。

用言語幹＋면 / 으면「～れば，なら，たら」（仮定・条件）

学習目標 **仮定・条件の表現を覚えよう！**

「用言語幹＋**면/으면**」は，仮定や条件を表します。

動詞 存在詞 形容詞	母音語幹＋면	타다 ➡ 타면
	ㄹ語幹＋면	알다 ➡ 알면
	子音語幹＋으면	좋다 ➡ 좋으면

母音終わりの名詞＋면	고양이 ➡ 고양이면
子音終わりの名詞＋이면	저녁 ➡ 저녁이면

【仮定】A: 1000만원이 있으면 뭐 하고 싶어요?

　　　　　　　　　　　　1000万ウォンがあったら何をしたいですか。

　　　　B: 마카오에 가서 카지노를 하고 싶어요.

　　　　　　　　　　　　マカオに行ってカジノをしたいです。

【条件】A: 양이 적지 않아요?　　　　　量が少なくありませんか。

　　　　B: 이 정도면 괜찮아요.　　　　このくらいなら大丈夫です。

以下の表を完成させましょう。

보내다	보내면	보내시면	보냈으면
되다			
알다			
괜찮다			
적다			
주부			
부장님			

I 例のように適切な助詞を入れ，会話を完成させましょう。

> 例 A: 주말 / 약속 / 없다 / 보통 / 뭐 / 하다
> 주말에 약속이 없으면 보통 뭐 해요?
>
> （週末に約束がなかったら普通何をしますか。）
>
> B: 집 / 낮잠 / 자다 / 영화 / 보다
> 집에서 낮잠을 자고 영화를 봐요.
>
> （家で昼寝をして，映画を見ます。）

1. A: 복권 / 당첨되다 / 뭐 / 하고 싶다

B: 집 / 자동차 / 사다 / 여행 / 가고 싶다

---

2. A: 감기 / 걸리다 / 어떻게 / 하다

   B: 약 / 먹다 / 푹 / 쉬다

3. A: 가을 / 되다 / 뭐 / 하고 싶다

   B: 책 / 많이 / 읽다 / 단풍구경 / 하고 싶다

Ⅱ | 日本語を韓国語に訳しましょう。

1. 全部ご覧になったら私にお知らせください。

2. このアトラクションは背が140cm以上なら子どもも大丈夫です。

   *アトラクション 놀이기구

3. 天気が良ければ散歩して, 雨が降ったら家にいます。

用言語幹＋ㄹ까요 / 을까요?
「ましょうか，でしょうか」
（勧誘・意見を尋ねる）

学習目標 ㄹ까요 / 을까요? の使い方を覚えよう！

ㄹ까요 / 을까요?は相手の意向・意見を尋ねたり，誘う場面で使う表現です。ただし，主語が3人称の場合は，疑問や推量の意味を表します。

動詞 存在詞 形容詞	母音語幹＋ㄹ까요?	가다 ➡ 갈까요?
	ㄹ語幹【ㄹ脱落】＋ㄹ까요?	만들다 ➡ 만들까요?
	子音語幹＋을까요?	앉다 ➡ 앉을까요?

母音終わりの名詞＋일까요?	친구 ➡ 친구일까요?
子音終わりの名詞＋일까요?	학생 ➡ 학생일까요?

【意向を尋ねる】 어디서 만날까요?　　　　どこで会いましょうか。

【相手を誘う】 같이 요리를 만들까요?　一緒に料理を作りましょうか。

【疑問や推量】 내일 고은 씨도 올까요?

明日，コウンさんも来るでしょうか。

 **基本練習**

例のように変えましょう。

앉다	앉을까요?	앉으실까요?	앉았을까요?
넣다			
기다리다			
괜찮다			
멀다			
선배			
공무원			

応用練習

Ⅰ　例のように会話を完成させましょう。

例 A: 내일 / 날씨 / 좋다 / 바다 / 가다

　　내일 날씨가 좋으면 바다에 갈까요?

（明日天気が良ければ海に行きましょうか。）

B: 저 / 가고 싶다 / 약속 / 있다

　　저도 가고 싶지만 약속이 있어요.

（私も行きたいですが，約束があります。）

1. A: 시간 / 있다 / 차 / 한잔하다

　 B: 죄송하다 / 곧 / 회의 / 시작되다

2. A: 갖고 싶다 / 나 / 사 주다

B: 마음 / 고맙다 / 괜찮다

3. A: 택시 / 타다 / 여기 / 공항 / 얼마나 / 걸리다

B: 금방 / 도착하다 / 퇴근 시간 / 길 / 막히다

Ⅱ 日本語を韓国語に訳しましょう。

1. 1時間前に出発したなら，すでに着いたでしょうか。

2. 必要でしたら，私が注文して差し上げましょうか。(尊敬形)

3. ちょっと遠いけど，よろしければ，一緒にコンサートに行きましょうか。

用言語幹＋지요 (죠)
「〜でしょう，〜でしょうか」
（確認・勧誘など）

学習目標　지요(죠)の色々な使い方を覚えよう！

지요(죠) は，すでに知っている事実に対する叙述や相手に同意を求めて確認したり，質問や勧誘する際に使う表現です。尊敬形 (시 / 으시) や過去形 (았 / 었) の後ろにもつけることができます。会話では，縮約形の죠のほうをよく使います。

| 動詞・存在詞・形容詞語幹＋지요 / 죠 | 가다 ➡ 가지요 / 죠 |
| | 좋다 ➡ 좋지요 / 죠 |

| 母音終わりの名詞＋(이) 지요/(이) 죠 | 언제 ➡ 언제(이)지요 / (이)죠 |
| 子音終わりの名詞＋이지요 / 이죠 | 학생 ➡ 학생이지요 / 이죠 |

※母音終わりの名詞は，이がよく省略されます。

【確認】　A: 지우 씨, 내일 콘서트에 가죠?

　　　　　　　　　　　ジウさん，明日コンサートに行くでしょう？

【叙述】　B: 물론 가죠.　　　　　　　　もちろん，行きますよ。

【疑問】　그런데 미카 씨는 왜 안 가죠?

　　　　　　　　　　　ところで，ミカさんはなぜ行かないでしょうか。

　　　　　A: 어, 미카 씨, 내일 콘서트에 안 가요?

　　　　　　　　　　　あれ，ミカさん，明日コンサートに行かないですか。

【勧誘】　미카 씨, 같이 가죠.　　　　　ミカさん，一緒に行きましょう。

例のように変えましょう。

내리다	내리죠	내리시죠	내렸죠
알다			
배우다			
넓다			
한가하다			
기자			
경찰			

応用練習

I 例のように会話を完成させましょう。

例 A: 짐 / 많다 / 저 / 들다

짐이 <u>많으시죠</u>? 제가 <u>들어 드릴까요</u>?

（荷物が多いでしょう。私が持って差し上げましょうか。）

B: 네 / 죄송하다 / 들다

네, <u>죄송하지만 들어 주세요</u>.（はい，すみませんが持ってください。）

1. A: 많이 / 바쁘다 / 그 / 일 / 저 / 하다

   _____

   B: 네 / 미안하다 / 하다

   _____

2. A: 어제／그／책／재미있다／이／책／빌리다

   B: 네／죄송하다／빌리다

3. A: 일본／분／저／통역하다

   B: 네／수고스럽다／통역하다 　　　　　　 *수고스럽다 お手数をかける

II │ 下線部に注意しながら韓国語に訳しましょう。

1. A : よろしければ，あとで夕食一緒に<u>しましょう</u>。
   B : ごめんなさい。今日は先約があるので。

   A :
   B :

2. A : 最近も韓国ドラマをよく見ていますか。
   B : もちろん<u>見ていますよ</u>。だけど，以前よりは見ません。

   A :
   B :

3. A：これ1つでいくらでしょうか。

B：1つで700円です。 2つ買うなら割引して差し上げますよ。

A：

B：

動詞語幹＋ㅂ시다 / 읍시다
「～しましょう」(働きかけ)

学習目標 働きかけの表現を覚えよう！

　動詞の語幹に付き，一緒に行動することへの勧誘や，働きかけの表現として用いられます。また，公の場で進行役を務める司会者などが大勢の人に何かを要請するときや，スローガンなどにもよく使われる表現です。ただし，目上の人に使うと失礼になるため，目上の人を何かに誘う際は，「用言語幹＋시지요 / 으시지요? (文法15)」などを使いましょう。

母音語幹＋ㅂ시다	가다 ➡ 갑시다
ㄹ語幹【ㄹ脱落】＋ㅂ시다	만들다 ➡ 만듭시다
子音語幹＋읍시다	찾다 ➡ 찾읍시다

【勧誘】　A: 같이 식사라도 합시다.　　一緒に食事でもしましょう。

　　　　　B: 그래요. 언제가 좋을까요?

　　　　　　　　　　　　そうしましょう。いつがいいでしょうか。

【働きかけ】　A: 내일 집들이에 뭘 준비할까요?

　　　　　　　　　　明日の引っ越し祝いに何を準備しましょうか。

　　　　　　　B: 잡채하고 불고기를 만듭시다.

　　　　　　　　　　　チャプチェとプルゴギを作りましょう。

【スローガン】 불 조심합시다.　　　　　　　　火の用心

 **基本練習**

解答P315

例のように変えましょう。

돈을 모으다	돈을 모읍시다
물을 아끼다	
담배를 끊다	
교통 규칙을 지키다	
시험을 보다	
면접을 시작하다	

応用練習

解答P315

Ⅰ 例のように会話を完成させましょう。

例 A: 부족하다 / 더 / 주문하다 / 먹다

부족하면 더 주문해서 먹을까요?

（足りなければもっと注文して食べましょうか。）

B: 삼겹살 / 2인분 / 된장찌개 / 먹다

삼겹살 2인분하고 된장찌개도 먹읍시다.

（サムギョプサル二人前とテンジャンチゲも食べましょう。）

1. A: 이 / 옷 / 안 입다 / 인터넷 / 올리다 / 팔다

　

B: 네 / 이 / 옷 / 신발 / 팔다

2. A: 시간 / 있다 / 도시락 / 준비하다 / 가다

   B: 네 / 도시락 / 음료수 / 준비하다

3. A: 한국 / 가다 / 한강 (漢江) / 가다 / 치맥하다
   *치맥하다 チキン(치킨)とビール(맥주)を食べたり飲んだりすること

   B: 네 / 치맥 / 짜장면 / 시키다

Ⅱ | 日本語を韓国語に訳しましょう。

1. 電車やバスでは目上の方に席を譲りましょう。

2. 結果はあまり良くないけど，応援してあげましょう。

3. ここは人が多すぎるでしょう？　待ち合わせの場所を変えましょう。
   *待ち合わせの場所 약속 장소

文法
17

用言語幹＋겠「〜つもり，〜だろう」
(意志・推量・婉曲)

学習目標 겠の色々な使い方を覚えよう！

「用言語幹＋겠」は，主語がⅠ人称の場合は話し手の意志や控えめな気持ちを表し，主語が3人称の場合は推量の意味を表します。相手から聞いた話や，見た様子から推量して「〜でしょうね」のように受け答えするときによく使われる表現です。そのほかに，断定を避け婉曲に物事を述べるときや，慣用表現，挨拶でも使われます。겠は尊敬 (시 / 으시) や過去 (았 / 었) の後ろにつけることもできます。

動詞・存在詞・形容詞語幹＋겠	보다 ➡ 보겠다 있다 ➡ 있겠다

母音終わりの名詞＋(이)겠	학교 ➡ 학교(이)겠다
子音終わりの名詞＋이겠	학생 ➡ 학생이겠다

※母音終わりの名詞では，이がよく省略されます。

【意志】 A: 뭘로 하시겠어요?　　　　何になさいますか。

B: 저는 녹차로 하겠습니다.　私は緑茶にします。

【推量】 A: 구름이 많아요.　　　　　　雲が多いです。

B: 비가 오겠어요.　　　　　　雨が降りそうです。

A: 어제 새벽까지 야근했어요.

昨日深夜まで残業しました。

B: 그럼 피곤하시겠어요. それではお疲れでしょう。

【婉曲】 A: 내일까지 제출하세요. 明日までに提出してください。

B: 네, 알겠습니다. はい, わかりました。

【慣用表現】 다녀오겠습니다. 行ってきます。

길 좀 묻겠습니다. ちょっと道をお尋ねします。

잘 먹겠습니다. いただきます。

基本練習

以下の表を完成させましょう。

가다	가겠어요	갔겠어요	가시겠어요
입다			
만들다			
출발하다			
힘들다			
좋다			
괜찮다			

I | 例のように適切な助詞を入れ，会話を完成させましょう。

> 例 A: 발표 / 어떻게 / 하시다
> 발표를 어떻게 하시겠어요? （発表をどのようになさいますか。）
>
> B: 컴퓨터 / 사용하다 / 하다
> 컴퓨터를 사용해서 하겠습니다. （パソコンを使ってやります。）

1. A: 내일 / 누구 / 가게 / 문 / 열다

   _____

   B: 저 / 일찍 / 오다 / 열다

   _____

2. A: 자료 / 누구 / 작성하다

   _____

   B: 저 / 조사하다 / 만들다

   _____

3. A: 예약 / 어떻게 / 하다

   _____

   B: 인터넷 / 찾다 / 저 / 하다

   _____

　　日本語を韓国語に訳しましょう。

1. 今5時なら，試験はもう終わったでしょう。

---

2. すみませんが，明日の午前中にメールしていただけますか。

---

3. 明日は面接なのでお忙しいでしょう。

---

4. はじめまして。これからよろしくお願いいたします。

---

5. 明日の午前は雨が降って，午後は曇るでしょう。

---

6. A: 娘が無事に就職しました。

　　B: そうですか，嬉しいでしょう。

動詞語幹＋러 / 으러
「～しに (行く・来る)」(移動の目的)

学習目標 **移動の目的の表現を覚えよう！**

「動詞語幹＋러 / 으러」は，移動の目的を表します。後ろには主に가다,오다，다니다などの移動を表す動詞が来ます。

母音語幹＋러	빌리다 ➡ 빌리러 가다
ㄹ語幹＋러	놀다 ➡ 놀러 가다
子音語幹＋으러	읽다 ➡ 읽으러 가다

A: 어디에 가세요?　　　　どこに行かれますか。

B: 은행에 돈을 찾으러 가요.　銀行にお金をおろしに行きます。

A: 그 사람은 뭐 하러 왔어요?　その人は何をしに来ましたか。

B: 그냥 놀러 왔어요.　　　ただ遊びに来ました。

A: 우리 주말에 뭐 할까요?　私たち週末に何をしましょうか。

B: 영화관에 영화 보러 가죠.　映画館に映画を観に行きましょう。

解答P316

以下の表を完成させましょう。

사다	사러 가요	사시러 가세요
받다		
만나다		
만들다		
보내다		
찍다		
제출하다		

応用練習

解答P317

Ⅰ | 例のように適切な助詞を入れ，会話を完成させましょう。

例 A: 왜 / 도서관 / 가다
　　<u>왜 도서관에 가요?</u> 　　　　　　（どうして図書館に行くんですか？）

B: 책 / 읽다 / 가다 / 같이 / 가다
　　<u>책을 읽으러 가요. 같이 가시겠어요?</u>

　　　　　　　　　　　（本を読みに行きます。一緒に行きますか。）

1. A: 왜 / 학원 / 다니다

B: 한국어 / 배우다 / 다니다 / 함께 / 배우다

2. A: 왜 / 이천 / 가다　　　　　　　　　　　*이천 利川（韓国の地名）

B: 도자기 / 만들다 / 가다 / 같이 / 만들다

3. A: 왜 / 밖 / 나가다

B: 바람 / 씌다 / 가다 / 함께 / 나가다　　　　*씌다（風に）当たる

Ⅱ　　日本語を韓国語に訳しましょう。

1. お時間おありでしたら，お祝いしに来てください。

2. お客さんが来られてお迎えに出て行きました。

3. 今回は旅行でしたが，次回は留学生として勉強しに来たいです。

動詞語幹＋고 있다「～している」 （動作・状態・習慣の進行）

学習目標 　進行中の動作を言う表現を覚えよう！

「動詞語幹＋고 있다」は，動作の進行や現在の状態を表します。尊敬形は「動詞語幹＋고 계시다」になります。ただし，進行中の動作は지금 책을 읽어요のように現在形で言うこともでき，고 있다を使うと現在進行中であることを強調するニュアンスになります。

| 動詞語幹＋고 있다 | 가다 ➡ 가고 있어요
먹다 ➡ 먹고 있어요 |
| 動詞語幹＋고 계시다 | 보다 ➡ 보고 계세요
웃다 ➡ 웃고 계세요 |

【進行】 A: 지금 뭐 하고 계세요? 　今何をなさっていますか。

B: 지금 책을 읽고 있어요. 　今本を読んでいます。

【習慣】 저는 매일 아침에 우유를 마시고 있어요.

私は毎朝牛乳を飲んでいます。

【状態】 아버지는 퇴직해서 시골에서 지내고 계세요.

お父さんは退職して田舎で暮らしていらっしゃいます。

※살다，지내다，보내다，다니다などの状態を表す動詞や，「最近韓国語を勉強している」のような習慣，繰り返される動作を表す場合も고 있다の形で表すことができます。

解答P317

以下の表を完成させましょう。

책을 읽다	책을 읽고 있어요	책을 읽고 계세요
영화를 보다		
차를 마시다		
그 사람을 믿다		
사실을 알다		
요즘 운동하다		
매일 영어를 듣다		

応用練習

解答P317

Ⅰ　例のように適切な助詞を入れ，会話を完成させましょう。

例　A: 지금 / 뭐 / 하다
　　 지금 뭐 하세요?　　　　　　　　　　（今何をなさってますか。）

　　B: 면접 / 있다 / 준비하다
　　 면접이 있어서 준비하고 있어요.

（面接があるので準備しています。）

1. A: 어머님 / 어디 / 가다

　　B: 편찮으시다 / 병원 / 가다

2. A: 지금 / 어디 / 계시다

B: 돈 / 필요하다 / 은행 / 돈 / 찾다

3. A: 야식 / 뭐 / 만들다

B: 매운 음식 / 좋아하다 / 떡볶이 / 만들다   *매운 음식 辛い食べ物

Ⅱ | 日本語を韓国語に訳しましょう。

1. 韓国語は難しいですが，３年も習い続けています。

2. 毎日歌の練習をしているなら，お上手でしょう。

3. ご両親も元気で過ごしていらっしゃいますよね。   *元気で 건강하게

動詞語幹＋아 / 어 있다「～している」（完了の継続）

고 있다（文法 19）との違いに注意して, 完了の継続の表現を覚えよう！

　動作の完了状態が継続していることを表します（主に自動詞）。尊敬形は「動詞語幹＋아 / 어 계시다（～ていらっしゃる）」となります。

陽母音＋아 있다	앉다 ➡ 앉아 있다
陰母音＋어 있다	서다 ➡ 서 있다
하다 ➡ 해 있다	도착하다 ➡ 도착해 있다

| 動詞語幹＋아 / 어 계시다 | 가다 ➡ 가 계시다 |

 민호 씨는 나무 아래에 서 있어요. ミノさんは木の下に立っています。

사장님은 벌써 도착해 계세요. 社長はもう到着していらっしゃいます。

＋α 「～している」の2つの表現

　「動詞語幹＋고 있다」との使い分けに注意が必要です。

　「動詞語幹＋고 있다」と「動詞語幹＋아 / 어 있다」の日本語訳は両方とも「～ている」となりますが, 表している様子は異なりますことに注意しましょう。

【進行】　카페에 들어가고 있어요.

カフェに入っています。（入るところ）

【完了の継続】카페에 들어가 있어요.　カフェに入っています。

（カフェの中に入る動作が完了し, その状態が継続している）

※입다 (着る), 쓰다 (かぶる), 신다 (履く), 들다 (手に持つ), 가지다 (持つ, 所有する) などの着用動詞と타다 (乗る) は, 完了状態の継続を述べる際でも,「動詞語幹＋아/ 어 있다」は使わず,「動詞語幹＋고 있다」の形で表します.

例 구두를 신고 있어요. / 신어 있어요.　　靴を履いています.

지금 버스를 타고 있어요. / 타 있어요.

今バスに乗っています.

〈主な他動詞と自動詞のまとめ〉

他動詞	自動詞	他動詞	自動詞
열다	열리다	닫다	닫히다
켜다	켜지다	끄다	꺼지다
놓다	놓이다	붙이다	붙다
걸다	걸리다	쓰다	쓰이다
남기다	남다	모으다	모이다
깨다	깨지다	떨어뜨리다	떨어지다

✎ 基本練習

解答P318

例のように文を作りましょう.

문이 열리다	문이 열려 있어요	문이 열려 있지 않아요
불이 꺼지다		
책이 놓이다		
시계가 걸리다		
사람이 모이다		
밥이 남다		

Ⅰ　例のように適切な助詞を入れ，会話を完成させましょう。

> 例　A: 저 / 방 / 불 / 켜지다 / 깜짝 / 놀라다
> 　　제 방에 불이 켜져 있어서 깜짝 놀랐어요.
>
> （私の部屋に電気がついていたのでとても驚きました。）
>
> 　　B: 많이 / 놀라다
> 　　많이 놀랐겠어요.　　　　　　（とても驚いたでしょうね。）

1. A: 오늘 / 하루 종일 / 줄 / 서다 / 피곤하다

　　B: 아이고 / 힘들다

2. A: 합격자 / 명단 / 저 / 이름 / 쓰이다 / 좋다

　　B: 우와! / 좋다

3. A: 사람들 / 많이 / 모이다 / 길 / 막히다

　　B: 피곤하시다

Ⅱ | 日本語を韓国語に訳しましょう。

1. もし図書館にお財布が落ちていれば，ご連絡頂けますか。

---

2. 予約の時間より早く到着したので，お店が開いていませんでした。

---

3. おじいさんはちょっと前までそこにおかけになっていました。

時制のずれ

日本語と時制が異なる表現を覚えよう！

「まだ食事していない」「まだ結婚していない」など、「まだ〜していない」を韓国語で表すときは「**아직 안**＋過去形」、もしくは「**아직** 語幹＋**지 않았다**」となります。

아직 식사 안 했어요. まだ食事していません。
　　　　식사하지 않았어요.
아직 식사 안 하고 있어요.
　　　　식사하고 있지 않아요.

また、「似ている」や「亡くなっている」など、日本語では進行形や完了状態の継続で表すものでも、韓国語では進行形や完了状態の継続を使わず、過去形で表すものがあります。主な表現は以下の通りです。

결혼하다 (結婚する)	닮다　　　　(似る)
졸업하다 (卒業する)	죽다　　　　(死ぬ)
남다　　　(残る)	아직 멀다 (まだまだだ)
잘생기다 (見た目がかっこいい)	마르다　　　(痩せている)

아이가 누구를※ 닮았어요? 子どもが誰に似ていますか。
아이가 누구를 닮고 있어요? / 닮아 있어요?

※닮다の助詞는를/을を使います。

시간이 많이 남았어요. ◯ / 남아 있어요. ◯

時間がたくさん残っています。

시간이 많이 남고 있어요. ✕

※「残っている」は過去形だけでなく, 完了状態の継続 (文法20) で表すこともできます。

A: 한국어 잘하시네요. 韓国語お上手ですね。

B: 아직 멀었어요. まだまだです。

※아직 멀었어요は直訳すると「まだ遠かったです」という意味ですが, 慣用表現として
「まだまだ」という意味で使われます。

応用練習

解答P319

Ⅰ ( ) の中から適切なものを選びましょう。

1. A: 벌써 도착했어요?
   B: 아직(도착 안 했어요/도착 안 해 있어요).

2. A: 수업이 끝났어요?
   B: 아직(끝나고 있지 않아요/끝나지 않았어요).

3. A: 식사하셨습니까?
   B: 아직(안 하고 있어요/안 했어요).

4. A: 실례지만 결혼하셨어요?
   B: 네, (결혼하고 있어요/결혼했어요/결혼해 있어요).

5. A: 그 분이 돌아가셨어요?
   B: 네, 작년에(돌아가셨어요/돌아가시고 있어요).

6. A: 고은 씨는 엄마를 닮았습니까?
   B: 네, 엄마를 (닮아 있어요 / 닮고 있어요 / 닮았어요).

Ⅱ | 日本語を韓国語に訳しましょう。

1. 部長は韓国大学を卒業されていらっしゃいますよね。

2. 字幕なしで韓国ドラマを見たいですが, まだまだです。

3. まだお昼を召し上がっていないなら, 一緒に食べましょう。

4. 息子は就職していますが, 娘はまだ就職していません。

5. その作家は10年前に亡くなっているけど, 今も人気があります。

6. その俳優は, 背が高くて顔もかっこいいです。

動詞語幹＋ㄹ/을 수 있다/없다, 못＋動詞, 動詞語幹＋지 못하다 「～できる・できない」(能力・可能性)

できる・できないの表現を覚えよう！

「動詞語幹＋ㄹ/을 수 있다/없다」は, 「ピアノを弾くことができる」のような能力を表す意味と, 「9時から会議室が使える」のような可能性の意味があります。

母音語幹＋ㄹ 수 있다/없다	쓸 수 있어요/없어요
ㄹ語幹【ㄹ脱落】＋ㄹ 수 있다/없다	만들 수 있어요/없어요
子音語幹＋을 수 있다/없다	읽을 수 있어요/없어요

【能力】　A: 한글을 읽을 수 있어요?　ハングルが読めますか。

　　　　　B: 아뇨, 읽을 수 없어요.　いいえ, 読めません。

　　　　　A: 스키를 탈 수 있어요?　スキーができますか。

　　　　　B: 네, 탈 수 있어요.　はい, できます。

※可能・不可能を言うとき, 助詞は一般的に를/을が使われます。

【可能性】　A: 몇 시부터 들어갈 수 있어요?　何時から入れますか。

　　　　　B: 9시부터 들어갈 수 있어요.　9時から入れます。

　　　　　A: 지금 커피 한 잔 살 수 있어요?　今コーヒー一杯買えますか。

　　　　　B: 죄송합니다. 영업이 끝났어요.　すみません。営業が終わりました。

また，「~することができない」は「動詞語幹＋ㄹ/을 수 없다」のほかに，「못＋動詞」，「動詞語幹＋지 못하다」と表すこともできます。ただし，会話では主に「못＋動詞」が多く使われます。

못＋動詞	만나다 ➡ 못 만나요
動詞語幹＋지 못하다	만나다 ➡ 만나지 못해요

※「名詞＋하다」の動詞を「못＋動詞」の形にする場合は，否定形の안と同様に，하다の前に못を置きます。

A: 중국어로 번역을 할 수 있어요?　　　中国語に翻訳ができますか。

B: 아뇨, 번역을 할 수 없어요.　　　　　いいえ, 翻訳できません。
　 번역 못 해요. / 번역하지 못해요.

A: 뭐라고 쓰여 있어요?　　　　　　　何と書いてありますか。

B: 글씨가 작아서 읽을 수 없어요.　　字が小さくて読めません。
　 못 읽어요. / 읽지 못해요.

以下の表を完成させましょう。

먹다	먹을 수 있어요 먹을 수 없어요	못 먹어요 먹지 못해요
면접을 보다		
바다에서 수영하다		
여기서 팔다		
방을 청소하다		
기모노를 입다		
자리에 앉다		
단어를 외우다		

Ⅰ-1 │ 例のように適切な助詞を入れ，会話を完成させましょう。

例 A: 기타/치다

　　 기타를 칠 수 있어요?　　　　（ギターを弾くことができますか。）

B: 기타/치다/피아노/치다

　　 기타는 못 치지만 피아노는 칠 수 있어요.

（ギターは弾けませんが，ピアノは弾けます。）

1. A: 영어 신문/읽다

B: 영어 신문/읽다/한국어 신문/읽다

2. A: 오토바이 / 운전하다

 B: 오토바이 / 운전하다 / 차 / 운전하다

3. A: 떡볶이 / 만들다

 B: 떡볶이 / 만들다 / 잡채 / 만들다

Ⅰ-2 | 例のように適切な助詞を入れ，会話を完成させましょう。

> 例 A: 내일 / 빨리 / 오시다
> 　 내일 빨리 오실 수 있어요? 　（明日早くお越しになれますか。）
>
> 　 B: 내일 / 약속 / 있다 / 빨리 / 가다
> 　 내일 약속이 있어서 빨리 못 가요.
> 　　　　　　　　　　　　　　　　（明日約束があって早く行けません。）

1. A: 주말 / 같이 / 놀다

 B: 다음 주 / 시험 / 만나다

2. A: 냉면/드시다

B: 알레르기/있다/먹다

3. A: 한 시간/후/출발하다

B: 일/밀리다/출발하다 　　　*밀리다 (仕事が)溜まる

Ⅱ　│　日本語を韓国語に訳しましょう。

1. その映画が観たかったのですが，観られませんでした。

2. お越しになれたら，お越しください。

3. 静かすぎて，かえって集中できません。 　　　*かえって 오히려

4. 体力には自信があるので，いくらでも走れます。 　　*いくらでも 얼마든지

5. もしよろしければ，会議を少し早く始められるでしょうか。

6. 娘は韓国語ができるので，韓国の企業に就職したがっています。

　안には「その行動をとらない」という話し手の意志が含まれますが，**못**は話し手の意志とは関係なく，外部的な要因によって「その行動をとることができない」ことを表します。

A: **왜 오늘은 운동 안 해요?**　　　　なぜ今日は運動しないんですか？

B1: **오늘은 피곤해서 운동 안 해요.**　今日は疲れたので運動しません。

　　※「運動しない」のは話し手の意志

B2: **오늘은 할 일이 많아서 운동 못 해요.**

　　　　　　　　　　　　　　　　今日はやることが多いので運動できません。

　　※「やることが多い」という外部的要因によって，「運動できない」

A: **그 이야기 들으셨어요?**　　　　あの話お聞きになりましたか？

B1: **아뇨, (듣고 싶지 않아서) 안 들었어요.**

　　　　　　　　　　　　　　いいえ，（聞きたくないので）聞きませんでした。

　　※話し手の意志で「聞かなかった」

B2: **아뇨, 못 들었어요.**　　　　いいえ，聞けませんでした。

　　※聞きたかったが，外部的要因によって「聞けなかった」

　また，**안**は話し手の意志で「その行動をとらない」という意味とは別に，単純な否定を表す場合もあります。

A: **중국어 공부해 봤어요?**　　　中国語勉強したことありますか？

B: **아뇨, 안 해 봤어요.**　　　　いいえ，勉強したことありません。

※この場合は話し手の意志で「勉強しなかった」わけではなく，単純に「勉強したことがない」という否定の意味を表します。

　なお，**보이다**（見える）**들리다**（聞こえる）などの知覚動詞は，それぞれ「自然と視界に入る」，「自然と聞こえる」という意味で，話し手の意志とは関係がないため，単純否定形の**안**を使います。

A: **칠판 잘 보여요?**　　　黒板よく見えますか？

B: **아뇨, 잘 안 보여요.**　　　いいえ，よく見えません。
　　잘 못 보여요.

文法 23 名詞・助詞・副詞など＋요 / 이요 「～です」（返答の簡略化）

学習目標 簡略化した返答表現を覚えよう！

　名詞や助詞・副詞・語尾などに요 / 이요がつくと，日本語の「～です」にあたる丁寧な表現になります。質問に対する返答や，聞き返すときなどに使うもので，話を切り出す際には普通使われません。

母音終わりの名詞＋요	A : 이 사람은 누구예요? B : 제 친구요.
子音終わりの名詞＋(이)요	A : 화요일에 시험이 있어요. B : 화요일(이)요? 　　수요일 아니에요?
助詞・語尾＋요	A : 어디에서 한국어 배워요? B : 학원에서요.
副詞など＋(이)요	A : 밥 먹었어요? B : 아직(이)요.

※子音終わりの名詞と副詞などの場合，이はよく省略されます。

【返答】　A: 왜 그렇게 바쁘세요? なぜそんなにお忙しいのですか。

　　　　　B: 요즘 일이 많아서요. 最近仕事が多くてです。

【聞き返し】A: 내일 파티가 있으니까 같이 가요.

　　　　　　　明日パーティーがあるから一緒に行きましょう。

　　　　　B: 파티요? 무슨 파티요?

　　　　　　　パーティーですか。何のパーティーですか。

【取り立て】저는요, 저녁에는요, 밥을 많이 먹어요.

　　　　　　私はですね，夜はですね，ご飯をたくさん食べるんです。

基本練習

解答P321

以下の表を完成させましょう。

학생	학생이요.	학생이요?
서울		
그런데		
정말		
교실에서		
친구하고		
힘들어서		
늦게		

Ⅰ 例のように適切な助詞や語尾を入れ，会話を完成させましょう。

> 例 A: 매일 / 어디 / 운동하다
>
> 매일 어디에서 운동해요? 　　　　　（毎日どこで運動しますか。）
>
> B: 학교 / 운동장
>
> 학교 운동장에서요. / 학교 운동장이요.
>
> （学校のグラウンドでです。/ 学校のグラウンドです。）

1. A: 작년 / 크리스마스 선물 / 누구 / 받았다

   B: 학원 / 선생님

2. A: 내일 / 아침 / 6시 / 출발하다 （平叙文）

   B: 그렇게 / 빨리 （疑問文）

3. A: 어제 / 왜 / 밤 / 새웠다

   B: 오늘 / 시험 / 있다

　下線部に注意して日本語を韓国語に訳しましょう。

1. A: これ以上食べられません。　　　　　　　　　　*これ以上 더 이상

   B: もうですか。まだたくさん残っていますよ。　　　*もう 벌써

2. A: この話はみんなご存じですか。

   B: いいえ，田中さんだけです。みんなには秘密にしてください。

3. A: 今年の学校祭には芸能人が来ますよ。　　　　　*学校祭 학교 축제

   B: 本当ですか。誰がですか。

用言語幹＋네요「～ですね，～ますね」（感嘆）

学習目標 気づいたことや感想を言う時の表現を覚えよう！

話し手の感嘆（気づきや発見など）を表します。尊敬形시/으시，過去形았/었，推量겠の後ろにもつけることができます。

動詞 存在詞 形容詞	母音語幹＋네요	오다 ➡ 오네요
	ㄹ語幹【ㄹ脱落】＋네요	멀다 ➡ 머네요
	子音語幹＋네요	덥다 ➡ 덥네요

母音終わりの名詞＋네요	휴가 ➡ 휴가네요
子音終わりの名詞＋이네요	학생 ➡ 학생이네요

오랜만에 눈이 오네요.   久々に雪が降っていますね。

역에서 집까지 생각보다 머네요.   駅から家まで思ったより遠いですね。

드디어 내일부터 휴가네요.   いよいよ明日から休暇ですね。

＋α 겠네요「～でしょうね」

推量の겠（文法17参照）がついた**겠네요**は，相手の話を聞いて気持ちや状況などを推量し，それに対する返答としてよく使われます。疑問文の場合は，聞いた話に対する自分の推量を確認する表現となります。

A: 일주일 동안 계속 야근했어요.   一週間ずっと残業でした。

B: 너무 피곤하겠네요.   とてもお疲れでしょうね。

解答P322

例のように変えましょう。

좋다	좋네요	좋겠네요	좋았겠네요	좋으시겠네요
배우다				
알다				
있다				
괜찮다				
졸업				
가수				

応用練習

解答P322

I 例のように適切な助詞を入れて，会話を完成させましょう。

例 A: 이거 / 윤서 씨 / 만들다

이거 윤서 씨가 만들었어요.　　　（これユンソさんが作りました。）

B: 윤서 씨 / 만들다 / 맛있다

윤서 씨가 만들었으면 맛있겠네요.

（ユンソさんが作ったなら美味しそうですね。）

1. A: 회의 / 아직 / 안 / 끝나다

_____

B: 아직 / 안 / 끝나다 / 오늘 / 야근　　　*야근 残業

_____

2. A: 미카 씨 / 미국 / 10년 / 사시다

   B: 미국 / 10년 / 사시다 / 영어 / 잘하시다

3. A: 아버지 / 한 시간 / 전 / 출발하시다

   B: 한 시간 / 전 / 출발하시다 / 벌써 / 도착하시다

Ⅱ | 日本語を韓国語に訳しましょう。

1. これが2つで15,000円だと, 結構高いですね。

2. A: どうして誰も来ないのでしょうか。

   B: あ！　みんな, あそこのカフェに並んでいますね！ 　*並ぶ 줄 서다

3. A: 息子が大学を卒業して就職しました。

   B: おめでとうございます。もう学生じゃないですね。

動詞語幹＋ㄹ게요／을게요「～ます（ね）」 （意志・約束）

学習目標 相手に自分の意志を伝えたり，行動を約束してみよう！

　動詞語幹に付き，話し手（１人称）の意志や約束を表します。話し手を含めた私たちの意志や約束を表す場面でも使われます。発音は［ㄹ께요／을께요］となるので注意しましょう。

母音語幹＋ㄹ게요	오다 ➡ 올게요
ㄹ語幹【ㄹ脱落】＋ㄹ게요	만들다 ➡ 만들게요
子音語幹＋을게요	먹다 ➡ 먹을게요

【意志】 이건 우리가 할게요.　　　　　　これは私たちがします。

【意志】 케이크는 제가 만들게요.　　　　ケーキは私が作ります。

【約束】 A: 몇 시까지 올 수 있어요?　　　何時に来られますか。

　　　　 B: 10시까지 갈게요.　　　　　　10時までに行きます。

　　　　 A: 오늘도 지각했죠?　　　　　　今日も遅刻しましたよね。

　　　　 B: 죄송합니다. 앞으로는 늦지 않을게요.

　　　　　　　　　　　　　　　　　すみません。これからは遅れません。

1 ㄹ게요/을게요はカジュアルな場面で使われ，フォーマルな場面では**겠습니다**
が使われます（文法17겠【意志】参照）。

🔑

【カジュアル】 A: 누가 하시겠어요?　　誰がなさいますか。

　　　　　　　 B: 제가 할게요.　　　　私がやります。

【フォーマル】 A: 누가 하시겠습니까?　誰がなさいますか。

　　　　　　　 B: 제가 하겠습니다.　　私がやります。

2 依頼表現아/어 주세요 (주시겠어요)? (文法12) に対する返事としては，**주다/
드리다**に ㄹ게요/을게요をつけ아/어 줄게요 (드릴게요) を使います。

🔑

A: 이것 좀 들어 주세요 / 주시겠어요?

　　　　　　　 これをちょっと持ってください。/ 持って頂けますか?

B: 네, 들어 줄게요 / 들어 드릴게요.

　　　　　　　 はい，持ってあげます/持って差し上げます。（お持ちしましょう）

※日本語では人に何かをしてあげるとき，「してあげる/差し上げる」と言うと恩着せがま
　しいニュアンスが含まれますが，韓国語ではそのようなニュアンスは含まれず，아/어
　줄게요, 아/어 드릴게요の表現を使うのが普通です。

例のように変えましょう。

닫다	닫을게요	닫아 줄게요	닫아 드릴게요
보내다			
만들다			
찾다			
빌리다			
전화하다			

I　例のように適切な助詞を入れ，会話を完成させましょう。

例　A: 미안하다 / 문 / 좀 / 열다

미안하지만 문 좀 열어 주시겠어요?

（すみませんが，ドアをちょっと開けていただけますか。）

B: 네 / 알다 / 열다

네, 알겠습니다. 열어 드릴게요.

（はい、わかりました。開けて差し上げます。）

1. A: 실례하다 / 김 사장님 / 좀 / 바꾸다

_____

B: 네 / 알다 / 바꾸다

_____

2. A: 미안하다 / 소포 / 받다

   B: 네 / 알다 / 받다

3. A: 죄송하다 / 나중에 / 연락하다

   B: 네 / 알다 / 나중에 / 연락하다

II　日本語を韓国語に訳しましょう。

1. もし早く行けるなら，先に行っています。

2. まだ夕飯を食べてないなら，私が作ってあげます。

3. A: 来週先生の誕生日パーティーに来られますか？

   B: プレゼントを持って必ず参加します。

用言語幹＋니까 / 으니까
「～から / ので, ～たら」(理由・原因, 発見)

니까 / 으니까の 2 つの意味に気をつけよう！

「用言語幹＋니까 / 으니까」は理由や原因を表す表現です。また, ある行動をした結果, 何かに気づいたり, 発見した際にも用いられます。

動詞 存在詞 形容詞	母音語幹＋니까	가다 ➡ 가니까
	己語幹【己脱落】＋니까	살다 ➡ 사니까
	子音語幹＋으니까	있다 ➡ 있으니까

母音終わりの名詞＋니까	휴가 ➡ 휴가니까
子音終わりの名詞＋이니까	학생 ➡ 학생이니까

1 理由・原因

過去形と接続することができます。また, **니까요 / 으니까요, 았으니까요 / 었으니까요**という形で, 文末表現としても使うことができます。

선물을 받으니까 기분이 좋네요.

プレゼントをもらったら気分がいいですね。

예전에 가수였으니까 노래를 잘하겠네요.

以前歌手だったから歌が上手でしょうね。

A: 왜 택시를 타고 왔어요?　なぜタクシーに乗って来ましたか。

B: 너무 머니까요.　遠すぎるからです。

※니까/으니까は，相手の行動を促す依頼・命令・勧誘などの場面でよく使われ，主に主観
　的な理由・原因を表します。一方，同じく理由を表す아서/어서(文法11)は客観的な理由・
　原因を表します。理由・原因を表す表現(아서/어서，니까/으니까，기 때문에)の詳しい
　使い分けについては(文法52)を参考にしてください。

2 発見

　ある行動をした結果，気づいたことや発見したことを述べるときは「動詞語幹＋
니까/으니까」の現在形が使われ，過去形や文末では使われません。なお，文末
の時制は主に現在形か過去形で表し，未来形は使われないことに注意しましょう。

집에 오니까 아무도 없어요.　家に帰ってきたら誰もいません。

콘서트에 가서 직접 보니까 정말 멋있었어요.

　　　　　　　　　　　　　コンサートに行って直接見たら本当に格好良かったです。

학교에 도착하니까 휴강이었어요.

　　　　　　　　　　　　学校に到着したら，休講でした。

解答P323

例のように変えましょう。

사다	사니까	샀으니까	사시니까	사셨으니까
걸리다				
알다				
앉다				
멋있다				
좋다				
의사				
경찰				

応用練習

解答P324

I 例のように適切な助詞を入れ、会話を完成させましょう。(文末は色々な勧誘表現を用いてみましょう)

例 A: 눈 / 오다 / 쇼핑 / 다음 / 가다

눈이 오니까 쇼핑은 다음에 갈까요? (가죠 / 가요)

(雪が降っているから買い物は今度行きましょうか。)

B: 오늘 / 가다 / 세일 / 오늘까지

오늘 가요. 세일이 오늘까지니까요.

(今日行きましょう。セールが今日までですから。)

1. A: 민아 씨 / 늦다 / 먼저 / 먹다

B: 조금 더 / 기다리다 / 민아 씨 / 주인공

---

2. A: 저번/티켓/못 샀다/빨리/예약하다

   B: 이번/괜찮다/벌써/예약했다

3. A: 선생님/일/안 끝났다/우리/둘이서/가다

   B: 다음/가다/선생님/못 가시다

Ⅱ 日本語を韓国語に訳しましょう。

1. 会員ではないので, 無料ではありません。

2. 健康によくないから, タバコをやめてください。

3. 明日試験だから, 図書館に行って勉強しましょうか。

4. 韓国に遊びに行ったら, 友達のお母さんが料理をたくさん作ってくださいました。

5. まだ終わっていないので, もう少し待っていただけますか。

6. 朝起きて窓を開けたら, 雪が積もっていました。　　＊積もる 쌓이다

比較してみよう3　니까/으니까② vs 면/으면

　発見の**니까/으니까**は，**면/으면** (文法13) と間違いやすいので注意しましょう。**면/으면**は，ある事柄が起きる条件や仮定を表し，発見の**니까/으니까**は，ある行動を起こした結果，新しくわかった事実や気づいたことを述べる際に使います。

이 버튼을 누르**면** 표가 나와요.　　　このボタンを押すと切符が出ます。

➡「ボタンを押す」と，単に「切符が出る」という条件を述べている。

이 버튼을 누르**니까** 표가 나왔어요.　このボタンを押したら，切符が出ました。

➡「ボタンを押す」行動をとったら，「切符が出た」という，行動を起こして気づいたことを述べている。

도착하**면** / 도착하**니까** 전화하세요.　　　到着したら，電話ください。

도착하**면** / 도착하**니까** 친구가 기다리고 있었어요.
到着したら，友だちが待っていました。

명동에 가**면** / 가**니까** 쇼핑을 하고 싶어요.
明洞に行ったら，ショッピングしたいです。

명동에 가**면** / 가**니까** 외국 사람이 많았어요.
明洞に行ったら，外国人が多かったです。

動詞語幹＋아 / 어 보다「〜てみる」（試み・経験）

아 / 어 보다を使って試みや経験を言ってみよう！

「動詞語幹＋**아 / 어 보다**」は，何かを試したり，経験したことを表す表現で，日本語の「〜てみる」に当たるものです。現在形は主に試みを表し，過去形は主に経験を表します。なお，**아 / 어 보세요**の形で何かを試すように勧める意味になります。

陽母音＋아 보다	가다 ➡ 가 보다
陰母音＋어 보다	먹다 ➡ 먹어 보다
하다 ➡ 해 보다	말하다 ➡ 말해 보다

한국에 가 봤어요?　韓国に行ってみましたか。（行ってみたことがありますか。）

한국에서 삼겹살을 먹어 보고 싶어요.

韓国でサムギョプサルを食べてみたいです。

그건 미라 씨한테 한번 말해 보세요.

それはミラさんに一度話してみてください。

＋α 아 / 어 보니까「〜してみると / 〜してみたら」

아 / 어 보다と니까 / 으니까の組み合わせは「〜してみると / 〜してみたら」の意味で，経験した結果を述べるときに使います。

한국어를 공부해 보니까 생각보다 재미있어요.

韓国語を勉強してみたら思ったより面白いです。

例のように変えましょう。

오다	와 봐요	와 봤어요	와 보세요
읽다			
일하다			
찾다			
마시다			
배우다			

応用練習

I 助詞に注意しながら例のように会話を完成させましょう。

例 A: **한복/입다**

　　 한복을 입어 봤어요? 　　　　（チマチョゴリを着たことがありますか。）

　 B: **아뇨/아직/못 입다**

　　 아뇨, 아직 못 입어 봤어요. 　（いいえ, まだ着たことがありません。）

　 A: **예쁘다/한번 입다**

　　 예쁘니까 한번 입어 보세요. 　（可愛いから一度着てみてください。）

　 B: **네/입다**

　　 네, 입어 볼게요. 　　　　　　（はい, 着てみます。）

1. A: **삼계탕/드시다**

B: 아뇨/아직/못 먹다

A: 몸/좋다/한번/드시다

B: 네/먹다

2. A: 케이크/만들다

B: 아뇨/아직/못 만들다

A: 어렵지 않다/한번/만들다

B: 네/만들다

3. A: 고속도로/운전하다

B: 아뇨/아직/안 하다

A: 기분전환/되다/한번/하다　　　*기분전환 気分転換

B: 네/하다

1. 納豆を食べてみましたが，口に合いませんでした。　　*口に合う 입에 맞다

2. サンホさんに会ってみたら，親切で格好よかったです。

3. お祖父さんが入院されたので，電話でも差し上げてみてください。

現在連体形（〜する名詞）

学習目標　名詞を修飾する現在連体形を覚えよう！

　名詞を修飾する形を連体形と言います。韓国語の連体形は，品詞，時制によって活用が異なります。

1 動詞・存在詞の現在連体形

　動詞・存在詞の現在連体形は，現在の動作，状態，存在，習慣などに焦点が置かれます。なお，普遍的な事柄，決まっている予定も現在連体形で表すことができます。

　否定形は「語幹＋**지 않는**」「**안**＋語幹＋**는**」となります。**있다**の否定形は**있지 않다**ではなく，普通**없다**を用いて連体形を作ります。

動詞	**母音語幹＋는**	타다 ➡ 타는 곳
	ㄹ語幹【ㄹ脱落】＋는	만들다 ➡ 만드는 요리
	子音語幹＋는	읽다 ➡ 읽는 책
存在詞	**語幹＋는**	있다 ➡ 있는 것

※좋아하다（好きだ，好む），싫어하다（嫌いだ，嫌う），잘하다（上手だ，得意だ），못하다（下手だ，苦手だ）などは韓国語では動詞であるため，動詞の連体形をとります。

제가 자주 가**는** 카페에 갑시다.　　私がよく行くカフェに行きましょう。

우리 오빠는 신문을 별로 안 읽**는** / 읽지 않**는** 사람이에요.　　うちの兄は新聞をあまり読まない人です。

이 근처에 일본 과자를 파는 곳이 있어요?

この近所に日本のお菓子を売っているところはありますか。

저기에 계시는 분은 누구세요? あそこにいらっしゃる方はどなたですか。

지금 없는 사람이 누구죠? 今いない人は誰ですか。

콘서트가 끝나는 시간은 몇 시예요?

コンサートが終わる時間は何時ですか。

2 形容詞・名詞の現在連体形

形容詞・名詞の現在連体形は事柄の状態や性質を表します。なお，形容詞の中で재미있다 (楽しい) や맛있다 (美味しい) など，있다 / 없다がつくものは存在詞と同じく「語幹+는」となります。

否定形は「語幹+지 않은」「안+語幹+ㄴ / 은」となります。있다がつく形容詞の否定形は，最後를없다に変えて連体形を作るのが一般的です。

形容詞	母音語幹+ㄴ	바쁘다 ➡ 바쁜 시간
	ㄹ語幹【ㄹ脱落】+ㄴ	멀다 ➡ 먼 집
	子音語幹+은	좋다 ➡ 좋은 날씨

母音終わりの名詞+인	가수 ➡ 가수인 사람
子音終わりの名詞+인	학생 ➡ 학생인 동생

※名詞の否定形가 / 이 아니다の連体形는가 / 이 아닌となります。

🔑 예쁜 옷을 사고 싶어요. かわいい服を買いたいです。

재미있는 영화가 있으면 추천해 주세요.

面白い映画があれば紹介してください。

옛 수도인 교토에는 역사적인 신사나 사원이 많아요.

昔の首都である京都には，歴史的な神社や寺院が多いです。

✏ **基本練習**

解答 P325

以下の表を完成させましょう。

가다	가는 곳	가시는 곳
팔다	물건	물건
입지 않다	옷	옷
있다	사람	분
모르다	단어	단어
좋아하다	음악	음악
잘하다	외국어	외국어

좋다	좋은 사람	좋으신 분
재미없다	사람	분
편하다	옷	옷
바쁘지 않다	시간	시간
괜찮다	날	날
교사가 아니다	사람	분
가수	형	형

I-1 | 例のように適切な助詞を入れ，会話を完成させましょう。

> 例 A: 왜 / 일찍 / 집 / 가다
> 왜 일찍 집에 가요?　　　　　（どうして早く家に帰るんですか？）
>
> B: 집 / 기다리다 / 사람 / 있다
> 집에서 기다리는 사람이 있어서요.
>
> 　　　　　　　　　（家で待っている人がいるからです。）

1. A: 왜 / 벌써 / 이사 / 하다

　　B: 지금 / 살다 / 집 / 마음 / 안 들다

2. A: 왜 / 항상 / 카메라 / 들고 다니다

　　B: 사진 / 찍다 / 것 / 저 / 취미

3. A: 왜 / 온라인 / 한국어 / 배우다

　　B: 근처 / 한국어 / 공부할 수 있다 / 곳 / 없다

例のように適切な助詞を入れ，会話を完成させましょう。

例 A: 어떤 / 스타일 / 좋아하다
　　　어떤 스타일을 좋아해요? 　　　　　　（どんなタイプが好きですか。）

B: 키 / 크다 / 착하다 / 사람 / 좋아하다
　　키가 크고 착한 사람을 좋아해요.

（背が高くて，優しい人が好きです。）

---

1. A: 어떤 / 카페 / 자주 / 가다

　　B: 깨끗하다 / 조용하다 / 카페 / 자주 / 가다

---

2. A: 어떤 / 음식 / 먹고 싶다

　　B: 맛있다 / 맵지 않다 / 음식 / 먹고 싶다

---

3. A: 어떤 / 책 / 찾고 있다

　　B: 재미있다 / 감동적 / 책 / 찾고 있다

---

1. 雨の日 (雨が降る日)にはチヂミが食べたいですね。　　　　*チヂミ 부침개

2. このお酒に合う料理をおすすめしていただけますか。

   *おすすめする 추천하다

3. あちらにいらっしゃる方をご存じなら, 紹介してください。

4. あまり面白くない映画だけど, なぜか人気がありますね。

5. 有名な観光地だから, 美味しくて人気のある店が多そうですね。

6. 韓国の作家であるその人の作品は, 日本でも有名です。

学習目標 | 名詞を修飾する過去連体形を覚えよう！

1 動詞の過去連体形

　動詞の過去連体形「動詞語幹＋ㄴ/은」は，完了した動作や終わった事柄を表します。

動詞	母音語幹＋ㄴ	사다 ➡ 산 사람	
	ㄹ語幹【ㄹ脱落】＋ㄴ	놀다 ➡ 논 사람	
	子音語幹＋은	먹다 ➡ 먹은 사람	

※形容詞の現在連体形（文法28参照）と形は同様ですが，用法が異なるので注意しましょう。

생일 파티에 어제 산 옷을 입고 갔어요.

　　　　　　　　　パーティーに昨日買った服を着ていきました。

어제 같이 논 친구가 커피를 사 줬어요.

　　　　　　　　　昨日一緒に遊んだ友達がコーヒーを買ってくれました。

지난주에 먹은 김치찌개는 맛있었어요.

　　　　　　　　　先週食べたキムチチゲは美味しかったです。

なお，否定の過去連体形は以下のようになります。

밥을 안 먹은 사람 / 밥을 먹지 않은 사람

　　　　　　　　　ご飯を食べていない人

過去連体形を取らない名詞

때 (とき)，뿐 (だけ) などの名詞は過去の連体形を取らず았을/었을という形をとります。（詳細は文法32を参照）

 작년에 한국에 간 때 ✕ / 갔을 때 ◯ 눈이 왔어요.

> 昨年韓国に行ったとき雪が降りました。

지난번에 한 번 만난 뿐 ✕ / 만났을 뿐 ◯ 입니다.

> この間一度会っただけです。

2 存在詞・形容詞・名詞の過去連体形

存在詞・形容詞・名詞の過去連体形は，語幹に던をつけます。ほぼ同じ意味として았던/었던も使うことができます。

存在詞 形容詞	語幹＋던	있다 ➡ 있던 책
	語幹＋았던/었던	작다 ➡ 작았던 옷

母音終わりの名詞	＋(이)던	가수 ➡ 가수(이)던 사람
	＋였던	교사 ➡ 교사였던 누나
子音終わりの名詞	＋이던	학생 ➡ 학생이던 여동생
	＋이었던	병원 ➡ 병원이었던 건물

거기에 있던 / 있었던 리모콘 어디 갔어요?

そこにあったリモコンどこに行きましたか。

별로 유명하지 않던 / 않았던 배우가 지금은 한류스타예요.

あまり有名でなかった俳優が，今では韓流スターです。

작년까지 동료이던 / 동료였던 사람이 지금은 프리랜서로 일하고 있어요.

去年まで同僚だった人が，今はフリーランサーとして働いています。

基本練習

解答P326

例のように変えましょう。

만나다	만난 사람	만나신 분
받다	편지	편지
시작하다	일	일
찾다	물건	물건
팔다	옷	옷
부르다	노래	노래

괜찮다	괜찮던 가게	괜찮으셨던 분
재미있다	드라마	분
길다	머리	머리
주부	여성	여성
공무원	사람	분

I-1 | 例のように適切な助詞を入れて，会話を完成させましょう。

> 例　A: 이/옷/예쁘다/어디/사다/것이다
>
> 　　이 옷 예쁘네요. 어디에서 산 거예요? (것이에요?)*
>
> 　　　　　　　（この服可愛いですね。どこで買ったんですか。/買ったものですか。）
>
> 　　B: 작년/한국/사다/것이다
>
> 　　작년에 한국에서 산 거예요.
>
> 　　　　　　　　　　（去年韓国で買ったんです。/買ったものです。）
>
> *ㄴ/은 거예요는ㄴ/은 것이에요の縮約形で,「〜したもの・ことです」という意味と,「〜したんです」の意味になります。

1. A: 그/사진/멋있다/언제/찍다/것이다

　 B: 여름 방학/때/오키나와/찍다/것이다

2. A: 우와/맛있다/누가/만들다/것이다

　 B: 저/만들다/것이다

3. A: 이거/벌써/다/하셨다/어떻게/하시다/것이다

　 B: 친구/해 주다/것이다

例のように適切な助詞を入れて，会話を完成させましょう。

> 例 A: 한국/먹다/음식/중/맛있다/음식/뭐
>
> 한국에서 먹은 음식 중에서 맛있었던 음식이 뭐예요?
>
> (韓国で食べた食べ物の中で，美味しかった食べ物は何ですか。)
>
> B: 가장/맛있다/음식/삼계탕
>
> 가장 맛있었던 음식은 삼계탕이에요.
>
> (一番美味しかった食べ物は参鶏湯です。)

1. A: 받다/선물/중/좋다/선물/뭐

   B: 가장/좋다/선물/노트북

2. A: 담당하다/일/중/힘들다/일/뭐

   B: 가장/힘들다/일/영업

3. A: 지금까지/만나다/사람/중/제일/편하다/사람/누구

   B: 제일/편하다/사람/전 여친   *전 여친 元彼女

Ⅱ | 日本語を韓国語に訳しましょう。

1. 解けなかった問題があれば，教えて差し上げます。

2. 先生が送ってくださった本は，面白くて何回も読みました。

3. まだレポートを提出していない人は今週末までに提出してください。

4. 会いたかった友だちに駅の前で偶然会いました。

5. 田舎だった故郷がとても変わって驚かれたでしょうね。

6. 韓国支社にいらっしゃった方と今年から日本支社で一緒に働きます。

「用言語幹＋던」(回想・未完)，「用言語幹＋았던/었던」(回想・完了)

学習目標 | 過去の出来事を回想してみよう！

---

1 「用言語幹＋던」

　過去に繰り返し行った動作や状態を回想しながら述べるときや，過去の事柄が途中で終わった未完を表す場合に用いられます。

用言語幹＋던	가다 ➡ 가던 카페

【回想】　대학교 때 자주 가던 카페예요.

大学生の時よく行っていたカフェです。

【未完】　아까 먹던 과자가 책상 위에 있어요.

さっき食べていたお菓子が机の上にあります。

---

2 「用言語幹＋았던/었던」

　「用言語幹＋던」より反復性が低く，すでに完了した事柄を回想する意味で使われます。

用言語幹＋았던/었던	가다 ➡ 갔던 카페

※「動詞語幹＋던」と「動詞語幹＋았던／었던」の使い分けの詳細については〈比較してみよう4〉参照

 대학교 때 자주 가던 카페예요.
➡過去に繰り返し行っていたカフェで，今も行っている可能性がある。

대학교 때 자주 갔던 카페예요
➡過去に繰り返し行っていたカフェだが，今は行っていない。

초등학교 때 같이 놀던 친구예요.
➡過去に繰り返し遊んでいた友達。今も会っている可能性がある。

초등학교 때 같이 놀았던 친구예요.
➡過去に遊んだことのある友達。反復の意味は低く，今は会っていない。

　ただし，**살다**，**다니다**のように一定期間を要する動詞の場合は，**던**，**았던／었던**どちらも同じく回想の意味として使われますが，**았던／었던**の方が完了の意味が強いことを覚えておきましょう。

 여기가 내가 살던 / 살았던 동네예요.
ここが私が住んでいた町です。

엄마가 다니던 / 다녔던 학교에 저도 입학했어요.
母が通っていた学校に私も入学しました。

解答P328

以下の表を完成させましょう。

보다	보던 만화	봤던 만화	보시던 만화
알다	사람	사람	분
신다	구두	구두	구두
다니다	학교	학교	학교
찍다	카메라	카메라	카메라
공부하다	친구	친구	친구

応用練習

解答P328

I | 例のように適切な助詞を入れ，会話を完成させましょう。

例 A: 이것 / 누구 / 타다 / 자전거

이것은 누가 타던 자전거예요?

(これは誰が乗っていた自転車ですか。)

B: 언니 / 타다 / 자전거 / 지금 / 저 / 타다

언니가 타던 자전거였지만 지금은 제가 타고 있어요.

(姉が乗っていた自転車でしたが，今は私が乗っています。)

1. A: 이것 / 언제 / 입다 / 옷

B: 옛날 / 입다 / 옷 / 지금 / 가끔 / 입다

2. A: 저것 / 누구 / 쓰다 / 가방

   B: 아버지 / 쓰시다 / 가방 / 요즘 / 동생 / 쓰다

3. A: 이 / CD / 누가 / 듣다 / 거

   B: 어머니 / 듣다 / CD / 지금 / 저 / 듣다

Ⅱ | 日本語を韓国語に訳しましょう。

1. 昔は食べられなかったカレーを今は食べることができます。

2. 今通っている塾の先生が, 昔隣の家に住んでいた方でした。

3. 大学生のとき, 付き合っていた人なら, よくご存じでしょうね。

「動詞語幹＋ㄴ/은，던，았던/었던」は，すべて過去連体形として過去の出来事を表す点では同じですが，それぞれ意味が異なります。

【単純過去】　　먹은 빵　食べたパン　〈完了〉

：過去のある時点でパンを食べた事実を述べる。
完了の意味は았던/었던より弱い。

【回想（反復）・未完】　먹던 빵　食べていたパン

：①過去に繰り返しよく食べていたパン
②食べかけのパン

【回想（反復）・完了】　먹었던 빵　食べていたパン

：①過去によく食べていたパン
反復性は던より低い
②今は食べないパン

	完了	未完	回想（反復）
ㄴ/은	○	×	×
던	×	○	○
았던/었던	◎	×	○

未来連体形 (これから〜する名詞)

学習目標　名詞を修飾する連体形を覚えよう！

　まだ実現していない未来の予定，意志を表すほか，推量の意味も表します。同じく未来を表す겠とは一緒に使うことができないので注意しましょう。なお，文法28で述べた通り，普遍的な事柄や，実現可能性が高く，ほぼ決まっている予定については現在連体形を使います。

動詞 存在詞 形容詞	母音語幹＋ㄹ	만나다 ➡ 만날 사람
	ㄹ語幹【ㄹ脱落】＋ㄹ	만들다 ➡ 만들 요리
	子音語幹＋을	입다 ➡ 입을 옷

母音終わりの名詞＋일	친구 ➡ 친구일 경우
子音終わりの名詞＋일	범인 ➡ 범인일 가능성

 내일 만날 사람은 누구예요?　　　　明日会う人は誰ですか。

오늘 저녁에 만들 음식은 정했어요?

今日の夜に作る料理は決めましたか。

그 사람이 범인일 가능성이 높아요.

その人が犯人である可能性が高いです。

쓰레기를 버리는 곳이 어디예요?

ゴミを捨てる場所（＝ゴミ捨て場）はどこですか。

버릴 쓰레기가 있으면 같이 버려요.

捨てるゴミがあれば一緒に捨てましょう。

※上の例文はいつもゴミを捨てる場所（＝ゴミ捨て場）という普遍的な事柄を表しており，下の例文は今から捨てるゴミ，という未来の事柄を表しています。

학생인 경우 할인이 됩니다.　　　学生の場合は割引ができます。

학생일 경우 할인이 됩니다.　　　学生の場合は割引ができます。

※上の例文は単純に「学生であること」を前提として述べており，下の例文は「もし学生なら」という推量のニュアンスが含まれます。

解答P328

以下の表を完成させましょう。

보다	볼 영화	보실 영화
사지 않다	물건	물건
앉다	자리	자리
출발하다	장소	장소
알다	경우	경우
있다	예정	예정
한가하다	시간	시간
교사	확률	확률

応用練習

解答P329

I | 例のように適切な助詞を入れ，会話を完成させましょう。

例 A: 왜 / 오늘 / 운동 안 하다
   왜 오늘 운동 안 해요?　　(どうして今日運動しないんですか。)

B: 하다 / 일 / 많다 / 운동하다 / 시간 / 없다
   할 일이 많아서 운동할 시간이 없어요.

(やることが多くて運動する時間がありません。)

1. A: 왜 / 이 논문 / 안 읽다

   B: 읽다 / 논문 / 쌓이다 / 읽다 / 여유 / 없다

2. A: 왜/마트/아무것도/사지 않다

   B: 집/먹다/것/남다/사다/필요/없다

3. A: 왜/그 사람/고백하지 않다

   B: 남친/있다/가능성/높다/성공하다/가능성/없다

Ⅱ | 日本語を韓国語に訳しましょう。

1. 冬に着る服を買いに，一緒にデパートに行きましょう。

2. まだ小学生の場合，割引料金で入場することができます。

3. 来週のパーティーに参加しない人は，水曜までに連絡してください。

文法 32

用言語幹＋ㄹ／을 때「～するとき」

学習目標　未来連体形しかとらない名詞に気をつけよう！

　「用言語幹＋ㄹ／을 때」は，ある動作や状況が起きるときを表す表現で，日本語の「～するとき」に当たります。ㄹ／을 때は，慣用的に「用言語幹＋ㄹ／을」を使います。過去のときを表す「～したとき」は，過去連体形を取らず「用言語幹＋았을／었을 때」となります。

動詞 存在詞 形容詞	母音語幹＋ㄹ 때	가다 ➡ 갈 때
	ㄹ語幹【ㄹ脱落】＋ㄹ 때	살다 ➡ 살 때
	子音語幹＋을 때	좋다 ➡ 좋을 때

母音終わりの名詞＋일 때	혼자 ➡ 혼자일 때
子音終わりの名詞＋일 때	학생 ➡ 학생일 때

※学生，食事，休暇など一部の時間を表す名詞は「名詞＋때」の形も用いられます。

動詞 形容詞 存在詞	陽母音＋았을 때	보다 ➡ 봤을 때
	陰母音＋었을 때	어리다 ➡ 어렸을 때
	하다 ➡ 했을 때	말하다 ➡ 말했을 때

母音終わりの名詞＋였을 때	의사 ➡ 의사였을 때
子音終わりの名詞＋이었을 때	사원 ➡ 사원이었을 때

過去に起こった出来事を表す際でも，ㄹ/을 때を使う場合もある。

🔍
학교에 갈 때 사서 갈게요.　　学校に行くとき買って行きます。

기분이 좋을 때는 춤을 춰요.　気分が良いときは踊ります。

그 친구는 한국에 <u>살 / 살았을</u> 때 만났어요.
　　　　　　　　　　　その友だちは韓国に住んでいるとき会いました。

<u>어릴 / 어렸을</u> 때는 키가 작았어요.
　　　　　　　　　　　幼かったときは背が低かったです。

<u>학생일 / 학생</u> 때 좋은 경험을 많이 하세요.
　　　　　　　　　　　学生であるとき，良い経験をたくさんしてください。

✎　**基本練習**

例のように変えましょう。

오다	올 때	왔을 때	오실 때
찾다			
만들다			
작다			
필요하다			
있다			
대학생			
교사			

I │ 例のように適切な助詞を入れ，会話を完成させましょう。

例 A: 잠 / 오다 / 어떻게 / 하다
　　 잠이 올 때 어떻게 하세요?　　　　　（眠いときどうされますか。）

　 B: 잠 / 오다 / 진하다 / 커피 / 마시다　　*진하다 濃い
　　 잠이 올 때는 진한 커피를 마셔요.

（眠いときは濃いコーヒーを飲みます。）

1. A: 가족 / 보고 싶다 / 어떻게 / 하다

　 B: 가족 / 보고 싶다 / 같이 / 찍다 / 사진 / 보다

2. A: 스트레스 / 받으시다 / 어떻게 / 하다

　 B: 스트레스 / 쌓이다 / 맛있다 / 음식 / 먹다

3. A: 감기 / 걸렸다 / 어떻게 / 하다

　 B: 감기 / 걸렸다 / 따뜻하다 / 생강차 / 마시다　　*생강차 生姜茶

日本語または韓国語に訳しましょう。

1. 初めてあの人に会ったときはまだ学生でした。　　＊初めて 처음, 처음에

2. 梅雨のとき韓国に旅行に行って大変だった思い出があります。

＊梅雨 장마　＊思い出 추억

3. 申し訳ございませんが，お時間おありのときご連絡頂けますでしょうか。

4. 그 사람은 초등학생일 때부터 미국에 살아서 지금은 유명한 통역사가 되었어요.

5. 일이 바쁠 때는 식사를 못 하는 경우도 많아요.

6. 한국어를 처음 배웠을 때는 발음을 잘 못했지만 이제는 자신이 있어요.

用言語幹＋ㄴ데 / 은데 / 는데
「～なんですが」(状況説明，対比)

　後文の前置きとして，状況を説明するときや，対比を表すときに使います。「用言語幹＋ㄴ데요 / 은데요 / 는데요」のように文末表現としても使うことができます。この場合，「～なのですが…」と婉曲な表現になります。

動詞 存在詞	母音語幹＋는	사다 ➡ 사는데
	ㄹ語幹【ㄹ脱落】＋는	만들다 ➡ 만드는데
	子音語幹＋는	있다 ➡ 있는데
形容詞	母音語幹＋ㄴ	예쁘다 ➡ 예쁜데
	ㄹ語幹【ㄹ脱落】＋ㄴ	멀다 ➡ 먼데
	子音語幹＋은	좋다 ➡ 좋은데
名詞	母音終わり＋인	주부 ➡ 주부인데
	子音終わり＋인	사람 ➡ 사람인데

※있다 / 없다がつく形容詞は存在詞と同じ形をとります。

※名詞の否定形가 / 이 아니다는가 / 이 아닌데です。

過去の出来事を表す文章では，用言を過去形に変えて過去形の語幹に**는데**をつけます。

動詞 形容詞 存在詞	陽母音+았는데	가다 ➡ 갔는데
	陰母音+었는데	읽다 ➡ 읽었는데
	하다 ➡ 했는데	운동하다 ➡ 운동했는데
名詞	母音終わり+였는데	교사 ➡ 교사였는데
	子音終わり+이었는데	학생 ➡ 학생이었는데

【状況説明】 쿠키 만들었는데 드시겠어요?

クッキーを作ったんですけど，召し上がりますか？

지금 시간이 없는데 나중에 얘기해요.

今時間がないので，後で話しましょう。

【対比】 일본어는 아는데 중국어는 모릅니다.

日本語は分かるけど，中国語は分かりません。

일요일인데 출근하세요?

日曜日なのに出勤されるんですか。

【文末】 다른 사이즈 있어요? 좀 작은데요.

ほかのサイズありますか。ちょっと小さいのですが。

+α ㄴ데／은데／는데はあくまでも前置き！

「用言語幹+ㄴ데／은데／는데」は，文脈によって「から／ので」と訳されることもありますが，この場合は必ずしも理由を表すわけではなく，話の前提部分に焦点が置かれていることに注意しましょう。

以下の表を完成させましょう。

보다	보는데	봤는데	보시는데
말하다			
짧다			
있다 (いる)			
없다 (いない)			
살다			
교수			
회장이 아니다			

応用練習

I　例のように適切な助詞を入れ，会話を完成させましょう。

> 例 A: 신주쿠/가다/길/가르치다
>
> 　신주쿠에 가는데 길을 가르쳐 주시겠어요?
>
> 　　　　　　　（新宿に行くんですが，道を教えていただけますか。）
>
> B: 신주쿠/잘/모르다
>
> 　신주쿠는 잘 모르는데요.　　（新宿はよくわからないんですが。）

1. A: 고은 씨/친구/되고 싶다/소개하다

___

　B: 고은 씨/별로/친하지 않다

___

2. A: 영어/메일/왔다/번역하다

   B: 영어/잘/못하다

3. A: 컴퓨터/고장/났다/고치다

   B: 저/기계치   *기계치 機械音痴

II | 日本語または韓国語に訳しましょう。

1. 아직 안 온 사람이 많은데 조금 더 기다릴까요?

2. 저 지금 바쁜데요. 그 얘기는 나중에 해 주시겠어요?

3. 자리도 없는데 다른 가게로 가요.

4. 小さいときは活発な性格でしたが, 今はおとなしいです。
                                              *おとなしい 얌전하다

5. これ新商品なのに, とても安いですね。   *新商品 신상품

6. 新入社員の佐藤ですが, 部長はいらっしゃいますか。

지만は「～だが」という逆接・対比を意味するのに対し，ㄴ데/은데/는데は逆接・対比のほかに，後文の前置きとして状況を説明する際にも使うことができます。逆接の意味を表す際は，지만とㄴ데/은데/는데は置き換え可能です。ただし，前置きとしての状況の説明や，話し手の不満を表す「～なのに」のㄴ데/은데/는데は지만と置き換えることができないので注意しましょう。

마트에는 잘 가는데 시장에는 잘 안 가요.

마트에는 잘 가지만 시장에는 잘 안 가요.

スーパーにはよく行きますが，市場にはよく行きません。

※逆接の意味の場合は지만とㄴ데/은데/는데は置き換え可能。

이 김치는 제가 담갔는데 한번 드셔 보세요.

このキムチは私が漬けたんですが，一度召し上がってみてください。

이 김치는 제가 담갔지만 한번 드셔 보세요.

※話の前置きに使えるのはㄴ데/은데/는데のみ。

제가 아끼던 물건인데 동생이 버려서 화가 났어요.

私が大切にしていたものなのに，弟が捨てたので腹が立ちました。

제가 아끼던 물건이지만 동생이 버려서 화가 났어요.

※不満を表す際は지만に置き換え不可。

解答 P331

（　）の中のうち正しいものを全て選びましょう。

1. 고은 씨는 (한국 사람이지만 / 한국 사람인데) 일본어를 너무 잘해요.

2. 도쿄는 겨울에도 눈이 (안 오지만 / 안 오는데) 서울은 어떻습니까?

3. (새 차이지만 / 새 차인데) 형이 사고를 냈어요.

4. (예매하고 싶지만 / 예매하고 싶은데) 자리가 있어요?

動詞語幹＋ㄴ／은 적이 있다／없다
「～したことがある／ない」（経験の有無）

学習目標 経験の有無を言う表現を覚えよう！

「動詞語幹＋ㄴ／은 적이 있다／없다」は，過去の経験の有無を表す表現で，日本語の「～したことがある／ない」に当たります。

母音語幹＋ㄴ 적이 있다	보다 ➡ 본 적이 있다
ㄹ語幹【ㄹ脱落】＋ㄴ 적이 있다	살다 ➡ 산 적이 있다
子音語幹＋은 적이 있다	먹다 ➡ 먹은 적이 있다

한국에서 뮤지컬을 본 적이 있어요.

韓国でミュージカルを見たことがあります。

어렸을 때 미국에 산 적도 있어요.

子供のとき，アメリカに住んでいたこともあります。

저는 아직 김치를 먹어 본 적이 없어요.

私はまだキムチを食べてみたことがありません。

※「動詞語幹＋ㄴ／은 적이 있다／없다」の助詞이は，文脈に合わせて은，도など，ほかの助詞を入れることもできます。

なお，았던／었던 적이 있다／없다を用いて用言の経験の有無を表すこともできます。았던／었던 적이 있다／없다を用いると，ㄴ／은 적이 있다／없다よりも過去の経験をより強調するニュアンスになります。

그 사람을 길에서 우연히 만났던 적이 있어요.

あの人に道で偶然会ったことがあります。

내 동생은 시험 점수가 좋았던 적이 없어요.

私の妹は試験の点数が良かったことがありません。

이 수업은 재미있었던 적이 없어요.

この授業は面白かったことがありません。

아버지는 예전에 아나운서였던 적이 있어요.

お父さんは以前，アナウンサーだったことがあります。

基本練習

解答P331

例のように変えましょう。

가다	간 적이 있어요 간 적이 없어요	가 본 적이 있어요 가 본 적이 없어요
읽다		
만들다		
일하다		
찍다		
울다		
시키다		

I 助詞に注意しながら<u>例</u>のように会話を完成させましょう。

例 A: 한국어/가르쳐 보다

한국어를 가르쳐 본 적이 있으세요?

（韓国語を教えてみたことがありますか。）

B: 아뇨/배우다/가르치다

아뇨, 배운 적은 있는데 가르친 적은 없어요.

（いいえ，習ったことはあるんですが，教えたことはありません。）

1. A: 한국 짜장면/드셔 보다

   B: 아뇨/드라마/보다/먹어 보다

2. A: 벼룩시장/옷/팔다　　　　　　　　　　*벼룩시장 フリーマーケット

   B: 아뇨/옷/사다/팔다

3. A: 한국 회사/면접/보다

   B: 아뇨/이력서/내다/면접/보다

1. ソウルに行ったとき，空港で有名な俳優を見たことがあります。

---

2. 映画を見て泣いたことはまだ一度もありません。

---

3. お祖母さんが買ってくださった財布をなくしたことがあります。

+α　ㄴ/은 일이 있다「～したことがある」

　過去の経験を表す「動詞語幹＋ㄴ/은 적이 있다」は，動詞語幹＋ㄴ/은 일이 있다」に置き換えることもできます。ただし，「動詞語幹＋ㄴ/은 적이 있다」は，時間に焦点を当てた表現であるのに対し，「動詞語幹＋ㄴ/은 일이 있다」は，出来事に焦点を当てた表現です。

어렸을 때 병원에 입원한 적이 있어요.

（入院した時期に焦点）

어렸을 때 병원에 입원한 일이 있어요.

（入院した出来事に焦点）
子供のとき，病院に入院したことがあります。

　過去の経験を表す際は，ㄴ/은 적이 있다と아/어 보다の両方を使うことができます。ただし，経験したことと主語の意志の度合いによってニュアンスが異なるので，注意しましょう。

①主語の意志で経験した場合

한국어를 배운 적이 있어요.

韓国語を習ったことがあります。

➡ 아/어 보다より経験を強調するニュアンスがある。

한국어를 배워 봤어요.

韓国語を習ってみました。（習ったことがあります）

➡ ㄴ/은 적이 있다より主語の意志の度合いが高い。

②主語の意志で経験したことではない場合

감기에 걸려서 아무것도 못 먹은 적이 있어요.

風邪を引いて何も食べられなかったことがあります。

감기에 걸려서 아무것도 못 먹어 봤어요.

風邪を引いて何も食べてみれませんでした？？

主語の意志	あり	なし
ㄴ/은 적이 있다	○（経験の強調）	○
아/어 보다	○（意志の度合いが高い）	×

用言語幹＋ㄹ／을 것이다 「～するつもりだ，～だろう，～だと思う」 （意志，予定，推量）

「用言語幹＋ㄹ／을 것이다」は，主語が1・2人称のときは未来に行う行動の意志や予定を表し，主語が3人称のときは推量を表します。합니다体ではㄹ／을 것입니다が縮約されㄹ／을 겁니다となり，해요体ではㄹ／을 것이에요がㄹ／을 거예요となります。主語が3人称で過去の出来事の推量を表す際は，았을／었을 겁니다，았을／었을 거예요となります。

動詞 存在詞 形容詞	母音語幹＋ㄹ 것이다	바쁘다 ⇒ 바쁠 것이다
	ㄹ語幹【ㄹ脱落】＋ㄹ 것이다	만들다 ⇒ 만들 것이다
	子音語幹＋을 것이다	읽다 ⇒ 읽을 것이다
過去形	陽母音＋았을 것이다	좋다 ⇒ 좋았을 것이다
	陰母音＋었을 것이다	먹다 ⇒ 먹었을 것이다
	하다 ⇒ 했을 것이다	말하다 ⇒ 말했을 것이다

名詞는일 것이다となり，推量の意味でのみ使います。합니다体는일 겁니다，해요体는일 거예요となります。過去形はそれぞれ였을／이었을 겁니다と였을／이었을 거예요となります。

名詞	母音終わり+일 것이다	배우 ➡ 배우일 것이다
	子音終わり+일 것이다	학생 ➡ 학생일 것이다
過去形	母音終わり+였을 것이다	가수 ➡ 가수였을 것이다
	子音終わり+이었을 것이다	동생 ➡ 동생이었을 것이다

※名詞の否定形가/이 아니다는가/이 아닐 것이다, 가/이 아니었을 것이다となります。

【意志】 오늘은 제가 계산할 겁니다 / 거예요.

今日は私が払うつもりです。

【予定】 방학 때 뭐 할 거예요? 休みのとき何をする予定ですか。

【推量】 고은 씨 옆에 있는 사람은 남자친구일 거예요.

コウンさんの隣にいる人は彼氏だと思います。

　予定を言うときは것の代わりに, **생각** (考え), **계획** (計画), **예정** (予定) などの名詞を使うこともできます。

한국에 여행을 갈 거예요
한국에 여행을 갈 생각 / 계획 / 예정이에요.

韓国に旅行に行くつもり/考え/計画/予定です。

解答P332

以下の表を完成させましょう。

보다	볼 겁니다	볼 거예요	봤을 거예요
열다			
재미있다			
좋다			
결혼하다			
끝나다			
아는 사람			
친구가 아니다			

応用練習

解答P333

I | 例のように適切な助詞を入れ，会話を完成させましょう。

> 例 A: 언제 / 한국 / 여행 / 가다
> 언제 한국에 여행을 <u>갈 거예요</u>?
> （いつ韓国に旅行に行くつもりですか。）
>
> B: 올해 / 시간 / 없다 / 내년 / 가다
> 올해는 시간이 <u>없어서</u> 내년에 <u>갈 거예요</u>.
> （今年は時間がないので，来年行くつもりです。）

1. A: 휴가 / 때 / 뭐 / 하다

_____

   B: 대만 / 친구 / 있다 / 만나다 / 가다

_____

2. A: 가게 / 몇 시 / 열다

   B: 어제 / 일 / 늦게 / 끝나다 / 오늘 / 오후 / 열다

----

3. A: 주말 / 중국어 학원 / 다니다

   B: 시간 / 안 맞다 / 다니지 않다

Ⅱ 日本語を韓国語に訳しましょう。

1. ソウルには何度も行ったことがあるので，今回は釜山を旅するつもりです。

----

2. 1時の飛行機だったら，まだ到着していないでしょう。

----

3. 店の前にいつもお客さんが並んでいるから，あの店は美味しいと思いますよ。

　　ㄹ/을 거예요は，同じく推量を表す겠어요と使い分けする必要があります。ㄹ/을 거예요は，相手と共有していない情報に基づいて推量する表現で，겠어요は相手と情報を共有している場合に推量する表現です。

例　（一緒に天気予報を見ながら）

내일 비가 ❌ 올 거예요. / 오겠어요. ⭕

明日雨が降りそうです。

（天気予報を聞いた話し手が相手に）

우산 가지고 가세요. 오후에 비가 ⭕ 올 거예요. / 오겠어요. ❌

傘，持って行ってください。午後，雨が降るらしいです。

ㄹ語幹用言

ㄹ語幹用言は，基本的に母音語幹として扱います。

만들다	+면/으면	만들+면	만들면
	+러/으러	만들+러	만들러

その上で，後ろにㄴ,ㄹ（終声ㄹ），ㅂ,ㅅで始まる語尾が続くと，語幹末のㄹが脱落します。

만들다	ㄴ	+는	만드+는	만드는
	ㄹ	+ㄹ게요/을게요	만드+ㄹ게요	만들게요
	ㅂ	+ㅂ니다/습니다	만드+ㅂ니다	만듭니다
	ㅅ	+세요/으세요	만드+세요	만드세요

ただし，러/으러（～しに）や려고/으려고 하다（～しようと）のように，初声ㄹと接続する場合は，ㄹは脱落しません。

A: **어디에 사세요?**　どこにお住まいですか。

B: **도쿄에 살아요.**　東京に住んでいます。

A: 저녁에 뭘 만들까요? 夜に何を作りましょうか。

B: 잡채를 만듭시다. チャプチェを作りましょう。

A: 하야시 씨를 압니까? 林さんを知っていますか。

B: 네, 알아요. はい、知っています。

基本練習

解答P333

以下の表を完成させましょう。

놀다 (遊ぶ)	놀지만	놀면	놉니다	놀아요	노는 아이
열다 (開ける)					가게
들다 (聞く)					가방
울다 (泣く)					동생
길다 (長い)					머리
멀다 (遠い)					집
달다 (甘い)					과자
팔다 (売る)					물건
알다 (知る)					단어
걸다 (かける)					시계

Ⅰ | 与えられた文型に変え，例のように会話を完成させましょう。

> 例 A: 친구 앞에서 울다 (ㄴ/은 적)이 있다 (세요/으세요)?
>
> 친구 앞에서 운 적이 있으세요?
>
> （友達の前で泣いたことがおありですか。）
>
> B: 아뇨, 울다 (ㄴ/은 적)이 없다 (ㄴ데요/은데요/는데요).
>
> 아뇨, 운 적이 없는데요. （いいえ，泣いたことがないんですが。）

1. A: 김치를 사고 싶다(ㄴ데/은데/는데) 팔다 (ㄴ / 은 / 는) 곳을 알다 (세요/으세요)?

   B: 지하 1층에서 팔다 (ㄴ데요/은데요/는데요).

2. A: 요즘 일이 많다 (아서/어서) 힘들다 (아요/어요).

   B: 힘들다 (면/으면) 언제든지 말씀하다 (세요/으세요).

3. A: 선생님 댁은 여기서 멀다 (세요/으세요?)

   B: 차로 가다 (면/으면) 그렇게 안 멀다 (아요/어요).

4. A: 냄새가 나다 (니까 / 으니까) 창문을 열다 (ㅂ시다 / 읍시
   다).

   B: 네, 제가 열다 (ㄹ게요 / 을게요).

1. 韓国語が一番早く伸びる方法は何でしょうか。　　　＊伸びる 늘다

2. 鈴木さんがよくご存じだから, 連絡してみてください。

3. 駅から遠い家は家賃が安いけど, 不便ですね。

ㅂ変則用言

ㅂ変則用言の活用ルールを覚えよう！

ㅂ語幹用言は，後ろに으型語尾が続くと，ㅂが脱落して우がつきます。また，後ろに아/어型語尾が続くと，ㅂが脱落して워となります。（用言の活用型については付録参照）

ただし，**돕다**（手伝う）と**곱다**（きれいだ）は後ろに아/어型語尾が続くと，ㅂが脱落して와になります。

잡다，**입다**など，ㅂ語幹の動詞の多くは正則に従います。

	語幹型	으型	아/어型
	고 지요	면/으면 ㄴ/은	아서/어서 해요体
춥다	춥고 춥지요	춥+으면 ➡ 추우면 춥+은 ➡ 추운	춥+어서 ➡ 추워서 춥+어요 ➡ 추워요
돕다	돕고 돕지요	돕+으면 ➡ 도우면 돕+은 ➡ 도운	돕+어서 ➡ 도와서 돕+어요 ➡ 도와요

A: **오늘 날씨가 더워요?** 　今日は暑いですか。

B: **아뇨, 별로 덥지 않아요.** 　いいえ，あまり暑くありません。

A: **매운 음식을 먹을 수 있어요?** 　辛い食べ物を食べられますか。

B: **네, 매운 음식을 먹을 수 있어요.**

　　　　　　　　　　　はい，辛い食べ物を食べられます。

A: 좀 도와 주시겠어요? ちょっと手伝っていただけますか。

B: 네, 도와 드릴게요. はい，手伝って差し上げます。

基本練習

解答P334

以下の表を完成させましょう。

덥다 (暑い)	덥지만	더우면	더워요	더운	날씨
뜨겁다 (熱い)					물
어렵다 (難しい)					문제
고맙다 (有難い)					사람
쉽다 (易しい)					책
무섭다 (怖い)					영화
차갑다 (冷たい)					차
굽다 (焼く)					빵
*잡다 (握る)					손잡이
*좁다 (狭い)					방
*입다 (着る)					옷

＊正則

Ⅰ 　与えられた文型に変え，例のように会話を完成させましょう。

> 例　A: 내일 날씨가 춥다 (ㄹ까요 / 을까요)?
>
> 　　　내일 날씨가 추울까요?　(明日天気が寒いでしょうか。)
>
> 　B: 내일도 춥다 (ㄹ 거예요 / 을 거예요).
>
> 　　　내일도 추울 거예요.　　(明日も寒いでしょう。)

1.　A: 지금 살다 (ㄴ / 은 / 는) 집은 역에서 가깝다 (아요 / 어요)?

　　B: 네, 역에서 가깝다 (아서 / 어서) 아주 편리해요.

2.　A: 짐이 너무 무겁다 (니까 / 으니까) 돕다 (아 / 어 주세요).

　　B: 짐이 무겁다 (면 / 으면) 제가 돕다 (아 / 어 드릴게요).

3.　A: 지난 번에 돕다 (아 / 어 주셔서) 고맙다 (았어요 / 었어요).

　　B: 또 어렵다 (ㄴ / 은 / 는) 일 있으면 말씀하다 (세요 / 으세요).

4. A: 아깝다 (니까/으니까) 다 드시다 (세요/으세요).

   B: 아깝다 (지만) 더 이상 먹다 (ㄹ/을 수 없어요).

Ⅱ | **日本語を韓国語に訳しましょう。**

1. 今使っている教科書は，以前使っていた教科書より厚いです。

2. その人がとても憎くて思い出したくありません。　　*思い出す 생각하다

3.軽いカバンを探しているのですが，どこで買えば良いでしょうか。

ㄷ変則用言

文法
38

学習目標 ┃ ㄷ変則用言の活用ルールを覚えよう！

　語幹末が**ㄷ**で終わる用言は，**으**型や**아/어**型で始まる語尾が続くと**ㄷ**が**ㄹ**に変わります。

	語幹型	으型	아/어型
	고 지요	면/으면 ㄴ/은	아서/어서 해요体
듣다	듣고 듣지요	듣+으면 ➡ 들으면 듣+은 ➡ 들은	듣+어서 ➡ 들어서 듣+어요 ➡ 들어요
걷다	걷고 걷지요	걷+으면 ➡ 걸으면 걷+은 ➡ 걸은	걷+어서 ➡ 걸어서 걷+어요 ➡ 걸어요

ただし，**받다**（受ける），**닫다**（閉める），**믿다**（信じる）などは正則活用します。

이 노래를 들으면 춤을 추고 싶어요.

この歌を聞くと，踊りたいです。

건강에 좋으니까 매일 걸어 보세요.

健康にいいから，毎日歩いてみてください。

어제 들은 음악이 너무 마음에 들었어요.

昨日聞いた音楽がとても気に入りました。

解答P335

例のように変えましょう。

듣다 (聞く)	듣지만	들으면	들어요	들은	노래
걷다 (歩く)					공원
묻다 (尋ねる)					사람
싣다 (載せる)					짐
깨닫다 (悟る)					것
*받다 (もらう)					선물
*닫다 (閉める)					문
*믿다 (信じる)					친구

*正則

解答P335

Ⅰ | 与えられた文型に変え，例のように会話を完成させましょう。

例 A: 한국어 공부는 어떻게 하다 (아요/어요)
　　한국어 공부는 어떻게 해요?

(韓国語の勉強はどのようにしていますか。)

　 B: 저는 한국어 CD를 많이 듣다 (아요/어요)
　　저는 한국어 CD를 많이 들어요.

(私は韓国語のCDをたくさん聞いています。)

1. A: 하나 묻다 (아 / 어 보고) 싶다 (ㄴ데요 / 은데요 / 는
　　데요)

B: 네, 뭐든지 묻다 (아 / 어 보세요)

2. A: 학교에서 집까지 걷다 (아 / 어 보다) 적이 있어요?

   B: 한번 걷다 (아/어 봤는데) 너무 힘들다 (았어요 / 었어
   요)

3. A: 이 기사 내일 신문에 싣다 (ㄹ / 을 거예요?)

   B: 아직 정확하지 않다 (니까 / 으니까) 다음에 싣다
   (ㅂ시다 / 읍시다)

Ⅱ │ 韓国語に訳しましょう。

1. 荷物が重いので, 代わりに私が車に載せて差し上げますよ。

2. 高校のとき, 友達とよく聴いていた歌を今でも覚えています。

   *覚える 기억하다

3. 危ないから, 歩くとき, 気を付けてください。

人変則用言

人変則用言の活用ルールを覚えよう！

語幹末が人で終わる用言は，으型や**아/어**型語尾が続くと人が脱落します。

	語幹型	으型	아/어型
	고	면/으면	아서/어서
	지요	ㄴ/은	해요体
낫다	낫고 낫지요	낫+으면 ➡ 나으면 낫+은 ➡ 나은	낫+아서 ➡ 나아서 낫+아요 ➡ 나아요
짓다	짓고 짓지요	짓+으면 ➡ 지으면 짓+은 ➡ 지은	짓+어서 ➡ 지어서 짓+어요 ➡ 지어요

ただし，**웃다**(笑う)，**씻다**(洗う) などは，正則活用します。

A: 감기는 이제 나았어요?　　　　風邪はもう治りましたか。

B: 아뇨, 아직 낫지 않았어요.　　いいえ，まだ治っていません。

잘 저어서 드세요.　　　　　　　よく混ぜて召し上がって下さい。

부은 얼굴로 사진 찍고 싶지 않아요.

　　　　　　　　　　　　　腫れた顔で写真を撮りたくないです。

解答 P336

以下の表を完成させましょう。

낫다	낫지만	나으면	나아요	나은 병
잇다 (繋ぐ)				줄
붓다 (腫れる，注ぐ)				눈
긋다 ((線を)引く)				선
젓다 (混ぜる)				커피
*씻다 (洗う)				손
*벗다 (脱ぐ)				옷
*웃다 (笑う)				얼굴

＊正則

応用練習

解答 P336

I 与えられた文型に変え，例のように会話を完成させましょう。

例 A: 벌써 감기가 낫다 (았어요 / 었어요)?

벌써 감기가 나았어요?　　　　　　　(もう風邪は治りましたか。)

B: 네 / 약을 먹고 쉬다 (니까 / 으니까) 낫다 (았어요 / 었어요).

네, 약을 먹고 쉬니까 나았어요.

(はい，薬を飲んで休んだら治りました。)

1. A: 물을 얼마나 붓다 (아요 / 어요)?

B: 표시가 있다 (ㄴ/은/는) 데까지 붓다 (세요/으세요).

2. A: 어디에 이름을 쓰다 (ㅂ니까/습니까)?

   B: 선을 긋다 (ㄴ/은/는) 곳에 쓰다 (세요/으세요).

3. A: 벗다 (ㄴ/은/는) 옷을 어디에 넣다 (ㄹ까요/을까요)?

   B: 벗다 (ㄴ/은/는) 옷은 여기에 넣다 (아/어 주세요).

4. A: 고은 씨 이름은 누가 짓다 (았어요/었어요)?

   B: 아버지가 짓다 (아/어 주시다) (ㄴ/은/는) 이름이에요.

Ⅱ | 韓国語に訳しましょう。

1. 飲み物を混ぜるときに使うあの道具は, 韓国語で何と言いますか。

2. 近所で新しいアパートを建てているので, 工事する音がうるさいです。

3. 薬を飲んでぐっすり寝れば, 早く治ると思います。

文法
40

ㅎ変則用言

学習目標　ㅎ変則用言の活用ルールを覚えよう！

　語幹末がㅎで終わる用言は，으型で始まる語尾が続くとㅎが落ちます。また，아/어型で始まる語尾が続くとㅎが落ちて，さらに語幹末の母音がㅐに変わります。

	語幹型	으型	아/어型
	고 지요	면/으면 ㄴ/은	아서/어서 해요体
그렇다	그렇고 그렇지요	그렇+으면 ➡ 그러면 그렇+은 ➡ 그런	그렇+어서 ➡ 그래서 그렇+어요 ➡ 그래요
빨갛다	빨갛고 빨갛지요	빨갛+으면 ➡ 빨가면 빨갛+은 ➡ 빨간	빨갛+아서 ➡ 빨개서 빨갛+아요 ➡ 빨개요

※하얗다 (白い) は，아/어型語尾が続くと母音がㅐに変わります。

　例　하얗다：하얗+아요 ➡ 하얘요

　ただし，**좋다**，**넣다**，**놓다**などは正則活用します。語幹末がㅎで終わる形容詞は，**좋다**以外全て変則活用します。

그런 사람하고는 놀고 싶지 않아요.

そんな人とは遊びたくありません。

색이 너무 빨개서 다른 색으로 바꾸었어요.

色が赤すぎてほかの色に変えました。

드레스가 하얘서 예쁘네요.　　ドレスが白くてきれいですね。

基本練習

解答P337

例のように変えましょう。

이렇다 (こうだ)	이렇지만	이러면	이래요	이런 옷
저렇다 (ああだ)				가방
어떻다 (どうだ)				사람
파랗다 (青い)				하늘
노랗다 (黄色い)				색
까맣다 (黒い)				구두
*좋다 (良い)				물건
*넣다 (入れる)				돈
*놓다 (置く)				꽃

＊正則

Ⅰ 与えられた文型に変え，例のように会話を完成させましょう。

例 A: 이 빨갛다 (ㄴ/은/는) 치마 입다 (아/어 보시겠어요)?
　　이 빨간 치마를 입어 보시겠어요?

（この赤いスカートを履いてみられますか。）

B: 아뇨, 저 노랗다 (ㄴ/은/는) 치마를 입어 보다 (고
싶어요)
아뇨, 저 노란 치마를 입어 보고 싶어요.

（いいえ，あの黄色いスカートを履いてみたいです。）

1. A: 어떻다 (ㄴ / 은 / 는) 가방을 사다 (ㄹ / 을 거예요)?

　 B: 까맣다 (고) 가볍다 (ㄴ / 은 / 는) 가방을 사다 (고 싶
어요).

2. A: 저 사람은 예전에도 저렇다 (ㄴ / 은 / 는 적이 있어요)?

　 B: 아뇨, 예전에는 안 그렇다 (았는데 / 었는데) 사람이
변하다 (았어요 / 었어요)

3. A: 이거 지우 씨한테 사 주고 싶다 (ㄴ데 / 은데 / 는데)
어떻다 (ㄹ까요 / 을까요)?

B: 디자인도 좋고 색깔이 하얗다 (니까 / 으니까) 잘 어울리다 (겠네요)

Ⅱ **韓国語に訳しましょう。**

1. 赤色, 青色, 黄色, 白色のなかでどの色がお好きですか。

---

2. もうこのような映画も字幕なしでご覧になれますか。

---

3. これ私が作ってみたんですが, 味はどうですか。

으変則用言

으変則用言の活用ルールを覚えよう！

語幹末が으で終わる用言は，**아/어**型語尾が続くと，**一**の前の母音が陽母音（ト，ㅗ）の場合は**一**がトに，陰母音（ト,ㅗ以外）の場合は**一**がㅓに変わります。

	語幹型	으型	아/어型	
	고 지요	면/으면 ㄴ/은	아서/어서 해요体	
아프다	아프고 아프지요	아프면 아픈	아프+아서 ➡ 아파서	아프+아요 ➡ 아파요
기쁘다	기쁘고 기쁘지요	기쁘면 기쁜	기쁘+어서 ➡ 기뻐서	기쁘+어요 ➡ 기뻐요
크다	크고 크지요	크면 큰	크+어서 ➡ 커서	크+어요 ➡ 커요

🔑 A: 배가 고프세요?　　　　　　　お腹が空いていらっしゃいますか。

B: 점심을 많이 먹어서 아직 배가 안 고파요.

お昼をたくさん食べたのでまだ空いていません。

🔑 A: 요즘 바쁘세요?　　　　　最近お忙しいですか。

B: 연말이라서 조금 바빠요.　年末なので少し忙しいです。

A: 어떤 걸로 드릴까요?　　どんなものを差し上げましょうか。

B: 조금만 더 큰 걸로 주세요.　もう少し大きいものを下さい。

解答 P337

✎ 基本練習

以下の表を完成させましょう。

바쁘다	바쁘지만	바쁘면	바빠요	바빴어요
예쁘다 (きれいだ)				
슬프다 (悲しい)				
모으다 (集める)				
쓰다 (書く，使う)				
끄다 (消す)				
나쁘다 (悪い)				
기쁘다 (嬉しい)				
아프다 (痛い)				
뜨다 (浮かぶ)				
고프다 ((お腹が)空く)				
크다 (大きい)				

I 与えられた文型に変え，例のように会話を完成させましょう。

> 例 A: 다치다 (ㄴ/은/는) 데가 많이 아프다 (세요/으세요)?
> 다친 데가 많이 아프세요? （怪我したところはとても痛いですか。）
>
> B: 어제는 아프다 (았지만/었지만) 지금은 아프지 않다
> (아요/어요).
> 어제는 아팠지만 지금은 아프지 않아요.
> （昨日は痛かったけど，今は痛くないです。）

1. A: 배가 고프다 (ㄴ/은/는데) 먹다 (ㄴ/은/는/ㄹ/을) 게
   있어요?

   B: 배가 고프다 (면/으면) 이거라도 좀 드시다 (세요/으
   세요).

2. A: 여행 비용을 얼마나 모으다 (았어요/었어요)?

   B: 아직 100만원밖에 못 모으다 (아서/어서) 더 모으다
   (ㄹ/을 거예요).

3. A: 이 영화는 재미있다 (지만) 좀 슬프다 (네요).

B: 네, 저는 슬프다 (ㄴ/은/는) 영화보다 웃기다 (ㄴ/은/는) 영화를 보고 싶었는데.

---

4. A: 빨갛다 (ㄴ/은/는) 색으로 이름을 쓰다 (아서/어서) 혼났어요.

B: 앞으로 까맣다 (ㄴ/은/는) 색으로 쓰다 (세요/으세요).

Ⅱ | 韓国語に訳しましょう。

1. 忙しすぎて, 彼女の誕生日なのに何もしてあげられませんでした。

---

2. すみませんが, 窓を閉めて電気も消していただけますか。

---

3. 入りたかった大学に合格して, とても嬉しかったです。

르変則用言

学習目標 르変則用言の活用ルールを覚えよう！

語幹末が르で終わる用言は，**아/어**型語尾が続くと，르の前の母音が陽母音（ㅏ, ㅗ）の場合は**ㄹ라**に，陰母音（ㅏ, ㅗ以外）の場合は**ㄹ러**になります。

	語幹型	으型	아/어型	
	고 지요	면/으면 ㄴ/은	아서/어서 해요体	
빠르다	빠르고 빠르지요	빠르면 빠른	빠르+아서 ➡ 빨라서	빠르+아요 ➡ 빨라요
누르다	누르고 누르지요	누르면 누른	누르+어서 ➡ 눌러서	누르+어요 ➡ 눌러요

ただし，**들르다**（立ち寄る），**따르다**（注ぐ，従う），**치르다**（執り行う）などは**으**変則活用なので注意しましょう。

오사카까지 신칸센이 빨라요? 비행기가 빨라요?

大阪まで新幹線が速いですか？　飛行機が速いですか？

뭔가 필요한 게 있으시면 이 벨을 누르세요.

何か必要なことがありましたら，このベルを押してください。

아버지 잔에 맥주를 따라 드렸어요.

お父さんのグラスにビールをついで差し上げました。

解答P338

例のように変えましょう。

다르다 (異なる)	다르지만	다르면	달라요	달랐어요
모르다 (知らない)				
고르다 (選ぶ)				
자르다 (切る)				
마르다 (かわく)				
오르다 (上がる, 登る)				
부르다 (呼ぶ, (歌を) 歌う)				
기르다 (飼う)				
서두르다 (急ぐ)				
*따르다 (注ぐ, 従う)				
*들르다 (立ち寄る)				

*으変則

応用練習

解答P339

I 与えられた文型に変え，例のように会話を完成させましょう。

例 A: 이거 어떻게 쓰다 (아요 / 어요)?
　　이거 어떻게 써요?

（これどうやって使うんですか。ちょっと教えていただけますか。）

B: 거기 빨갛다 (ㄴ / 은 / 는) 버튼 있지요? 그걸 누르다
(아 / 어 보세요)
거기 빨간 버튼 있지요? 그걸 눌러 보세요.

（そこに赤いボタンがあるでしょう。それを押してみてください。）

1. A: 일본 생활 어떻다 (아요/어요)?

   B: 재미있다 (ㄴ/은/는)데 예전보다 물가가 오르다 (아서/어서) 힘들다 (네요).

2. A: 이 노래 듣다 (아/어 봤어요)?

   B: 누가 부르다 (았어요/었어요)? 이렇게 좋은 노래를 지금까지 모르다 (았네요/었네요)

3. A: 길다 (ㄴ/은/는) 머리를 자르다 (았네요/었네요)? 무슨 일 있었어요?

   B: 그냥 너무 덥다 (아서/어서) 자르다 (아/어 봤어요).

Ⅱ 韓国語に訳しましょう。

1. アジアの文化は似たところも多いけれど，かなり違います。

2. 喉が渇いたので，コンビニに寄って飲み物を買いました。

3. 先生にプレゼントを差し上げたいのですが，選んで頂けますか。

文法 43

連体形＋것 같다「～ようだ，～そうだ」（判断・推量）

| 学習目標 | 判断・推量に関する表現を覚えよう！ |

「連体形＋것 같다」は，話し手の判断や推量を表します。現在連体形の場合は，話し手の確実な判断や推量を表し，未来連体形の場合は漠然とした判断や数量を表します。なお，一般的に動詞以外の過去連体形は**았던 / 었던**を使います。

	過去	現在	未来	
動詞	았던 / 었던, ㄴ / 은	는	ㄹ / 을	+것 같다
形容詞	았던 / 었던	ㄴ / 은	ㄹ / 을	
存在詞	았던 / 었던	는	ㄹ / 을	
名詞	였던 / 이었던	인	일	

아침에 비가 온 것 같아요.	朝雨が降ったようです。
지금 비가 오는 것 같아요.	今雨が降っているようです。
오후부터 비가 올 것 같아요.	午後から雨が降りそうです。
어제 바빴던 것 같아요.	昨日忙しかったようです。
오늘 바쁜 것 같아요.	今日忙しいようです。
내일은 바쁠 것 같아요.	明日は忙しそうです。
작년까지 학생이었던 것 같아요.	去年まで学生だったようです。
지금 학생인 것 같아요.	今学生のようです。
(왠지) 학생일 것 같아요.	（なんとなく）学生のようです。

以下の表を完成させましょう。

먹다	먹은/먹었던 것 같다	먹는 것 같다	먹을 것 같다
듣다			
말하다			
짓다			
쓰다			
없다			
알다			

좋다	좋았던 것 같다	좋은 것 같다	좋을 것 같다
춥다			
재미있다			
빠르다			
예쁘다			
길다			
파랗다			
연예인			

I　例のように適切な助詞を入れ，会話を完成させましょう。

> 例　A: 생일／선물／뭐／좋다
>
> 　　　생일 선물로 뭐가 좋을까요?
>
> 　　　　　　　　　　　　（誕生日プレゼントとして何がいいでしょうか。）
>
> 　　B: 고은 씨／쇼핑／좋아하다／상품권／좋다.
>
> 　　　고은 씨는 쇼핑을 좋아하니까 상품권이 좋을 것 같
>
> 　　　아요.　　　（ゴウンさんはショッピングが好きだから，商品券がいいと思います。）

1. A: 오늘／김치찌개／먹다／가다

　　　────────────────────────

　　B: 유타 씨／매운 것／못 먹다／싫어하다

　　　────────────────────────

2. A: 저기／기다리다／사람／누구

　　　────────────────────────

　　B: 다나카 씨／닮았다／동생

　　　────────────────────────

3. A: 수업／벌써／끝났다

　　　────────────────────────

　　B: 이제／5분／남았다／곧／끝나다

　　　────────────────────────

4. A: 오늘 / 일찍 / 퇴근할 수 있다

   B: 부장님 / 아직 / 안 돌아오셨다 / 힘들다

---

1. 着てみて，サイズが小さいようなら，交換もできます。

---

2. その映画は見たことがないけど，かなり怖そうですね。

---

3. 昔は韓国語を習いたがる人があまりいなかったようです。

比較 してみよう8　【推量表現】ㄹ/을 거예요 vs ㄹ/을 것 같다

ㄹ/을 거예요は主語が3人称のとき，根拠や確信のある推量を表します。主語が
1人称・2人称の場合は主語の意志や予定を表します。一方，ㄹ/을 것 같아요は，
根拠や確信の度合いが低い漠然とした推量を表します。

그 일은 고은 씨가 할 거예요.　　　　その仕事はゴウンさんがやると思います。

※話し手に根拠や確信がある。

그 일은 고은 씨가 할 것 같아요.　　その仕事はゴウンさんがやると思います。

※話し手の根拠や確信の度合いが低く，漠然と推量している。

＋α 「～だと思う」の訳し方

上記の二つの表現は「～だと思う」とよく訳されますが，日本語の「～だと
思う」には予測や推量を表す場合と，話し手の考えや思考を表す場合がありま
す。韓国語に訳す際は，予測や推量の「～だと思う」には根拠の有無に合わ
せて上記の表現を使い，話し手の考えを表す際は**생각하다**を使います（ただし，
생각하다は普通，間接話法の表現と一緒に使う）。

저는 그게 사실이 아니라고 생각해요. (話し手の考え・思考)
　　　　　　　　私はそれは事実ではないと思います。＝事実ではないと考えています。

그건 사실이 아닐 거예요. / 아닐 것 같아요. (推量)
　　　　　　　　　　　　　　　　　　それは事実ではないと思います。

連体形＋**편이다**「〜ほうだ」
（大まかな判断・傾向）

学習目標　物事の傾向を話してみよう！

「連体形＋**편이다**」は，頻度や物事に対する大まかな判断や傾向を表す表現で，日本語の「〜ほうだ」に当たります。

	過去	現在	
動詞	았던／었던, ㄴ／은	는	＋편이다
存在詞	았던／었던	는	
形容詞	았던／었던	ㄴ／은	
名詞	였던／이었던	인	

모르는 게 있으면 바로 물어보는 편이에요.

分からないことがあればすぐ聞いてみる方です。

평소보다 많이 먹은 편이에요.　普段よりたくさん食べた方です。

주말에는 보통 집에 있는 편이에요.

週末には普通家にいる方です。

하나에 만 원이면 비싼 편이에요.　一つで一万ウォンなら高い方です。

基本練習

解答P341

例のように変えましょう。

가다	가는 편이에요 간 편이에요	가는 편이 아니에요 간 편이 아니에요
읽다		
만들다		
듣다		
붓다		
없다	없는 편이에요	없는 편이 아니에요
춥다		
그렇다		
부자		

応用練習

解答P341

Ⅰ　助詞に注意しながら例のように会話を完成させましょう。

例　A: 새로／생기다／식당／괜찮다
　　　　새로 생긴 식당 괜찮아요?　（新しくできた食堂, いいですか。）

　　B: 맛있다／좀／비싸다
　　　　맛있는데 좀 비싼 편이에요.　（美味しいけどちょっと高いほうです。）

1. A: 요즘／배우고 있다／한국어／어떻다

連体形＋편이다「～ほうだ」（大まかな判断・傾向）　195

B: 문법/쉽다/발음/어렵다

2. A: 맵다/음식/잘/드시다

   B: 좋아하다/잘/못 먹다

3. A: 쉬다/날/뭐/하시다

   B: 가끔/친구/놀다/주로/집/있다

Ⅱ | 韓国語に訳しましょう。

1. 双子なのに，兄は背が低くて弟は背が高い方です。

2. 幼いときは私がよく泣く方だったので，母がとても心配しました。

3. 試験には合格したけれど，ほかの合格者に比べると，試験が良くで
   きた方ではありません。 ＊試験が良くできる 시험을 잘 보다

文法 **45**

動詞語幹＋지 말다「～するのをやめる」（禁止）

禁止の表現を覚えよう！

　「動詞語幹＋**지 말다**」は，ある行動を禁止する際，用いられる表現です。文末では，主に命令形（**지 마요／마세요／마십시오**）で使われますが，文脈によって勧誘形（**지 말아요／ㅂ시다**）の形でも使われます。文中では**지 말고**（～しないで）の形で使われ，後文には主に命令文，勧誘文がきます。

動詞語幹＋지 말다	앉다 ➡ 앉지 마세요／ㅂ시다
動詞語幹＋지 말고	가다 ➡ 가지 말고

여기에 앉지 마세요. ここに座らないでください。

수업 중이니까 떠들지 맙시다. 授業中だから騒ぐのをやめましょう。

오늘 가지 말고 내일 갑시다. 今日行かないで明日行きましょう。

解答P342

例のように変えましょう。

먹다	먹지 마세요	먹지 맙시다	먹지 말고
만지다			
놀다			
보내다			
찍다			
울다			

応用練習

解答P342

Ⅰ　助詞に注意しながら例のように会話を完成させましょう。

> 例　A: 내일 / 시험 / 있다
> 　　　내일은 시험이 있는데요.　　　（明日は試験があるのですが。）
>
> 　　B: 그럼 / 오늘 / 놀다 / 공부하다
> 　　　그럼 오늘은 놀지 말고 공부하세요.
> 　　　　　　　　　（じゃあ今日は遊ばないで勉強してください。）

1. A: 창문 / 열고 싶다

　　B: 창문 / 열다 / 에어컨 / 켜다

2. A: 요즘 / 잠 / 못 자다

B: 그럼 / 커피 / 마시다 / 우유 / 드시다

3. A: 눈 / 너무 / 아프다

B: 참다 / 병원 / 가 보다

Ⅱ │ **韓国語に訳しましょう。**

1. 危ないから，入らないでください。

2. あきらめないで，もう一度挑戦してみてください。

3. たくさん歩いて疲れているから，今日は運動するのをやめましょう。

比較 してみよう9　지 말다 vs 지 않다&말고 vs 가/이 아니고/아니라

1 「動詞語幹＋지 말다」は，行動の禁止を表し，主に命令と勧誘文で使われるのに対して，「動詞語幹＋지 않다」は，事実の否定を表し，平叙・疑問・感嘆文でのみ使われます。

	지 말다/지 말고	지 않다/지 않고
用法	ある行動を禁止	ある事実を否定
主な文末表現	命令，指示，勧誘文	平叙，疑問，感嘆文

술을 마시지 말아요. vs 술을 마시지 않아요
お酒を飲むのをやめましょう。　　お酒を飲みません。

모임에 가지 말아요. vs 모임에 가지 않아요.
集まりに行かないでください。　　集まりに行きません。

여기 앉지 말고 / 앉지 않고 저쪽에 앉으세요. (指示文)
ここに座らないで，あちらに座ってください。

저는 야채는 먹지 않고 / 먹지 말고 고기만 먹어요. (平叙文)
私は野菜は食べずに肉だけ食べます。

2 名詞＋말고vs名詞＋가/이 아니고/아니라

말다は「やめる」という意味で，「名詞＋말고」は「(名詞を) やめて」という意味になります。主に何かを選ぶ場面で用いられ，「選んだものをやめてほかのものにする」という意味で使われます。

それに対し，**아니다**は「ではない」という意味で，「名詞＋가/이 아니고/아니라」は「名詞ではなく」という意味になります。名詞を否定し，ほかの名詞であることを説明する際に用いられます。

	名詞＋말고	名詞＋가/이 아니고/아니라
意味	（名詞を）やめて	（名詞）ではなく
使う場面	何か選んだものをやめてほかのものにする。	名詞を否定し，ほかの名詞を説明する。

이거 말고 저걸 드세요. これではなくあれを召し上がってください。

（これを選んで食べるのをやめて，あれを召し上がってください）

교과서는 이 책이 아니라 저 책이에요.

教科書はこの本ではなくあの本です。（教科書はこの本ではありません。あの本です。）

　また，以下のように同じ場面で使われる場合もありますが，話し手の意図が異なります。

빨간색 말고 파란색 주세요

赤色ではなく青色をください。（赤色を選ぶのはやめて青色を選ぶ）

빨간색이 아니라 파란색 주세요

赤色ではなく青色をください。（単に赤色ではなく青色にする）

✎ 練習問題

解答P342

（　）の中のうち正しいものを全て選びましょう。

1. 친구 (가 아니라 / 말고) 선배예요.

2. 오늘 출발하지 (않고 / 말고) 내일 출발하세요.

用言語幹＋면 / 으면 되다, 면 / 으면 안 되다 「〜すればいい / 〜してはいけない」 （適当な方法 / 禁止）

学習目標　適当な方法や禁止の表現を覚えよう！

면 / 으면 되다は，相手に助言を求めたり，それに答えたりするときに使います。一方，면 / 으면 안 되다は禁止や制限を表します。

母音語幹＋면 되다	하다 ➡ 하면 되다
ㄹ語幹＋면 되다	만들다 ➡ 만들면 되다
子音語幹＋으면 되다	먹다 ➡ 먹으면 되다

A: 볼펜으로 쓰면 돼요?　　　　ボールペンで書けばいいですか。

B: 네, 볼펜으로 쓰면 돼요.　　はい，ボールペンで書けばいいです。

A: 여기로 나가면 돼요?　　　　　　ここから出ればいいですか。

B: 아뇨, 거기로 나가면 안 돼요. 다른 출구로 나가세요.　　いいえ，そこから出てはいけません。ほかの出口から出てください。

一方，名詞の場合は充足条件（〜ならいい）を表し，以下のようになります。

母音終わり＋면 되다	아이 ➡ 아이면 되다
子音終わり＋이면 되다	학생 ➡ 학생이면 되다

A: 음식을 더 준비할까요? 食べ物をもっと準備しましょうか。

B: 이 정도면 돼요. このくらいならいいです（十分です）。

A: 내일 뭘 입고 가면 돼요? 明日何を着て行けばいいですか。

B: 결혼식이니까 하얀 옷만 아니면 돼요.
結婚式だから白い服でさえなければいいです。

基本練習

解答P343

以下の表を完成させましょう。

오다	오면 돼요	오면 안 돼요	오시면 돼요
만나다			
듣다			
들다			
젓다			
주부			
공무원			

応用練習

I 例のように適切な助詞を入れ，会話を完成させましょう。

> 例 A: 어느 / 교실 / 들어가다
> 　　　어느 교실로 들어가면 돼요?　　　(どの教室に入ればいいですか。)
>
> 　　B: 저기 / 보이다 / 101호 / 들어가다
> 　　　저기 보이는 101호로 들어가면 돼요.
> 　　　　　　　　　　　　　　(あそこに見える101号室に入ればいいです。)
>
> 　　C: 아직 / 들어가다 / 잠시 / 복도 / 기다리다
> 　　　아직 들어가면 안 돼요. 잠시 복도에서 기다리세요.
> 　　　　　　　　(まだ入ってはいけません。少し廊下で待ってください。)

1. A: 내일 / 9시 / 가다

　 B: 네 / 회의 / 시작되다 / 9시 / 오다

　 C: 아뇨 / 9시 / 오다 / 더 일찍 / 오다

2. A: 이것 / 다 / 치우다

　 B: 네 / 여기 / 있다 / 거 / 다 / 치우다

　 C: 아뇨 / 다 / 치우다 / 그대로 / 두다

3. A: 물건/어디/팔다

B: 사람/많이/이용하다/사이트/팔다

C: 물건/함부로/팔다/한 번 더/생각해 보다

*함부로 むやみに, 勝手に

Ⅱ **韓国語に訳しましょう。**

1. この事は誰に尋ねれば (尋ねてみれば) いいでしょうか。　　*事 일

2. 約束は3時だから，2時に出発すればいいでしょう。

3. 部外者が入ってはいけないのですが，今日は特別に入ることができ
ます。　　　　　　　　　　　　　　　　　　　　　　*部外者 외부인

用言語幹＋아도 / 어도「～ても」
（仮定・譲歩）

学習目標　仮定・譲歩の表現を覚えよう！

「用言語幹＋**아도 / 어도**」は，ある事実や仮定に対して予想外の結果や，期待に反する結果のときに用いられ，日本語の「～ても」に当たります。「～**아도 / 어도 ～아도 / 어도 ～ても～ても**」や「**아무리～아도 / 어도 いくら～ても**」の形でよく使われます。なお，「**아도 / 어도 되다 / 괜찮다 / 좋다**」の形で許可の意味を表します（文法48参照）。

陽母音＋아도	같다 ➡ 같아도
陰母音＋어도	먹다 ➡ 먹어도
하다 ➡ 해도	공부하다 ➡ 공부해도

※過去形は**았어도 / 었어도**（～したとしても）となり，過去に行った動作や，過去の状態を仮定・譲歩の意味になります。

名詞の場合は以下のようになります。

母音終わり＋여도 / 라도	친구여도
子音終わり＋이어도 / 이라도	한국 사람이어도

이름은 같아도 얼굴은 달라요.　　名前は同じでも顔は違います。

아무리 공부해도 잘 모르겠어요.　いくら勉強してもよく分りません。

먹어도 먹어도 배가 고파요.　　　食べても食べてもお腹が空きます。

예약을 안 해서 일찍 갔어도 못 샀을 거예요.

予約をしていなかったので，早く行ったとしても買えなかったでしょう。

한국 사람이어도 / 이라도 김치를 못 먹는 사람이 있어요.

韓国人だとしてもキムチを食べられない人がいます。

解答P344

基本練習

例のように変えましょう。

가다	가도	가셔도	갔어도
찾다			
듣다			
잘하다			
나쁘다			
낫다			
춥다			
부르다			
그렇다			
학생			

Ⅰ | 助詞に注意しながら例のように会話を完成させましょう。

> 例 A: 지우 씨 / 연락됐다
>
> 　지우 씨하고 연락됐어요?　　　　（ジウさんと連絡できましたか。）
>
> B: 아뇨 / 아무리 / 전화하다 / 안 / 받다
>
> 　아뇨, 아무리 전화해도 안 받아요.
>
> 　　　　　　　　（いいえ，いくら電話しても出ません。）

1. A: 식사하셨다

   B: 네 / 저 / 아무리 / 바쁘다 / 밥 / 꼭 / 먹다

2. A: 논문 / 다 / 끝내셨다

   B: 아무리 / 쓰다 / 끝 / 안 / 보이다

3. A: 컴퓨터 / 고장났다

   B: 네 / 전원 버튼 / 아무리 / 누르다 / 안 / 켜지다

1. あの人は同じ話を何回しても聞きません。

   _____

2. 先週から会議の準備を始めたのに，資料を作っても作っても終わり
   ません。

   _____

3. いくら親しい仲でも，そんな話はしない方がいいと思います。

   _____

4. 明日の会議は社長がいらっしゃらなくても開く予定です。

   _____

用言語幹＋아도 / 어도 되다「〜てもいい」 (許可)

学習目標 許可を出す表現を覚えよう！

「用言語幹＋아도 / 어도 되다」は，許可を表す表現で，日本語の「〜てもいい/大丈夫だ」に当たります。되다の代わりに괜찮다，좋다を使った아도 / 어도 괜찮다 /좋다の形でも使われます。

陽母音＋아도 되다	비싸다 ➡ 비싸도 되다
陰母音＋어도 되다	찍다 ➡ 찍어도 되다
하다 ➡ 해도 되다	말하다 ➡ 말해도 되다

名詞の場合は以下のようになります。

母音終わりの名詞＋여도 / 라도 되다	커피여도 되다
子音終わりの名詞＋이어도 / 이라도 되다	학생이어도 되다

A: 이거 좀 비싼데 괜찮아요?　これちょっと高いですか，大丈夫ですか。
B: 네, 비싸도 돼요.　　　　　　はい，高くてもいいです。

A: 여기서 사진을 찍어도 돼요?　ここで写真を撮ってもいいですか？
B: 네, 찍어도 돼요.　　　　　　　はい，撮ってもいいです。

A: 마실 것 좀 주세요.　　　　　飲み物をちょっとください。

B: 커피여도 / 커피라도 괜찮아요? コーヒーでもいいですか?

　許可を求める**아도 / 어도 돼요?**に対し，許可する場合は네, **아도 / 어도 돼요**や**세요 / 으세요**で，許可しない場合は**아뇨, (면 / 으면) 안 돼요**で答えます。

A: 이거 먹어도 돼요?　　　これ食べてもいいですか?

B: 네, 먹어도 돼요.　　　はい, 食べてもいいです。

　　드세요.　　　　　　どうぞ（お召し上がりください）。

B: 아뇨, 먹으면 안 돼요. いいえ, 食べてはいけません。

　　안 돼요.　　　　　　駄目です。

解答P345

例のように変えましょう。

입다	입어도 돼요	입으셔도 돼요	입어 봐도 돼요
마시다			
묻다			
말하다			
자르다			
긋다			
쓰다			

応用練習

解答P345

I 適切な助詞を入れ, 許可や禁止の表現を使って例のように会話を完成させましょう。

例 A: 죄송하다/담배/좀/피우다

죄송한데 담배 좀 피워도 돼요?

（すみませんが，タバコをちょっと吸ってもいいですか。）

B: 아뇨/여기/금연/피우다

아뇨, 여기는 금연이니까 피우면 안 돼요.

（いいえ，ここは禁煙だから吸ってはいけません。）

1. A: 회사/근처/잠깐/들르다

B: 네/한가하다/지금/오시다

2. A: 짐/많다/차/좀/싣다

   B: 아뇨/앉을 자리/없다/싣다

3. A: 춥다/창문/좀/닫다

   B: 네/좀/춥다/닫다

4. A: 시끄럽다/텔레비전/끄다

   B: 아뇨/아직/안 끝났다/끄다

韓国語に訳しましょう。

1. これ美味しそうですが，食べてみてもいいですか。

2. 誕生日プレゼントは私が選んでもいいでしょうか。

3. 全部終わられましたら，お帰りになっても大丈夫です。

文法 49

用言語幹＋아야 / 어야 하다
「〜なければならない」（義務・必要）

学習目標 しなければいけないことを言ってみよう！

「用言語幹＋**아야 / 어야 하다**」は「〜なければならない」という義務や必要性を表します。**하다**の代わりに**되다**も使います。

陽母音＋아야 하다	닫다 ➡ 닫아야 하다
陰母音＋어야 하다	읽다 ➡ 읽어야 하다
하다 ➡ 해야 하다	공부하다 ➡ 공부해야 하다

A: 왜 그렇게 일찍 출발해야 됩니까?

なぜそんなに早く出発しなければなりませんか。

B: 길이 막히니까 일찍 나가야 해요.

道が混むので早く出なければなりません。

A: 내일 몇 시까지 모여야 해요?

明日何時までに集まらなければなりませんか。

B: 내일은 7시까지 모이면 돼요.

明日は7時までに集まればいいです。

一方，名詞の場合は以下のようになります。

| 母音終わり＋여야 하다 | 영어 ➡ 영어여야 하다 |
| 子音終わり＋이어야 하다 | 메일 ➡ 메일이어야 하다 |

A: 이력서 사진은 꼭 정장이어야 해요?

履歴書の写真は絶対にスーツでなければいけませんか。

B: 정장이 아니어도 되지만 깔끔한 옷차림이어야 돼요.

スーツでなくてもいいですが，清潔な服装でなければなりません。

基本練習

解答P345

以下の表を完成させましょう。

사다	사야 해요	사셔야 해요
알다		
짓다		
걷다		
그렇다		
크다		
자르다		
선생님		

Ⅰ　例のように適切な助詞を入れ，会話を完成させましょう。

> 例　A: 한국어／공부하고 싶다／어떻게／하다
> 　　한국어를 공부하고 <u>싶은데</u> 어떻게 <u>해야 돼요</u>?
>
> （韓国語を勉強したいのですが，どのようにしなければなりませんか。）
>
> 　　B: 한글／모르다／한글／배우다
> 　　한글을 <u>모르면</u> 한글부터 <u>배워야 돼요</u>.
>
> （ハングルを知らなければ，ハングルから習わなければいけません。）

1.　A: 한국／대학／가고 싶다／어떻게／하다

　　　B: 한국／대학／가고 싶다／한국어능력시험／보다

2.　A: 객실 승무원／되고 싶다／꼭／여자

　　　B: 아뇨／하지만／객실 승무원／되고 싶다／영어／잘하다

3.　A: 한국／일하고 싶다／비자／있다

　　　B: 외국 사람／비자／받다

1. 私がやらなければならない理由を教えてください。

2. 韓国語で書かなければならないのに，日本語で書きました。

3. 授業中なので，お腹が空いても我慢しなければなりません。

文法 50

動詞語幹＋ㄹ래요 / 을래요「〜ます（か）」 (意志・意向)

学習目標 相手の意向を尋ねてみよう！

「動詞語幹＋ㄹ래요 / 을래요」は，<u>平叙文では話し手の意志や意向を表し</u>，<u>疑問文では相手の意向を尋ねる</u>表現です。主に話し言葉で，親しい間柄や目下の人に対して使います。また，親しい目上の人には，尊敬形시 / 으시をつけ，「動詞語幹＋실래요 / 으실래요?」の形で相手の意向を尋ねる際に使います。

母音語幹＋ㄹ래요	하다 ➡ 할래요
ㄹ語幹【ㄹ脱落】＋ㄹ래요	놀다 ➡ 놀래요
子音語幹＋을래요	먹다 ➡ 먹을래요

A: 주말에 친구들이랑 놀래요?

週末に友達と遊びますか（遊びましょうか）。

B: 미안해요. 저는 피곤해서 쉴래요.

ごめんなさい。私は疲れているので休みます。

A: 뭐 드실래요?　　何食べますか。

B: 저는 비빔밥 먹을게요.　私はビビンパ食べます。

「動詞語幹＋아/어 주다」につけ、「動詞語幹＋아/어 줄래요?/주실래요?」の形で、話し手が相手に何かをお願いする場面でも用いられます。

A: 이 식당, 예약 좀 해 주실래요?

> この食堂、予約をしてくださいますか。（予約してもらえますか）

B: 네, 알겠습니다.

> はい、わかりました。

解答P346

基本練習

例のように変えなさい。

오다	올래요	오실래요?	와 줄래요?
받다			
들다			
돕다			
짓다			
듣다			
그렇다			
부르다			
쓰다			

Ⅰ | 例のように会話を完成させましょう。

> 例
>
> A: 배고프다 / 뭐 / 좀 / 먹다
>
> 배고픈데 뭐 좀 드실래요?
>
> （お腹が空いているんですが，何かちょっと召し上がりますか。）
>
> B: 지금 / 바쁘다 / 이따가 / 먹다
>
> 지금 바쁘니까 이따가 먹을게요.
>
> （今忙しいから，あとで食べます。）

1. A: 오늘 / 친구 / 만나다 / 같이 / 가다

   B: 몸 / 안 좋다 / 오늘 / 쉬다

2. A: 날씨 / 좋다 / 좀 / 걷다

   B: 꽃가루 알레르기 / 심하다 / 그냥 / 집 / 있다

   *꽃가루 알레르기 花粉症

3. A: 엄마 / 생일이다 / 음식 / 뭐 / 만들다

   B: 엄마 / 잡채 / 좋아하다 / 잡채 / 만들다

　下線部に注意して韓国語に訳しましょう。

1. A: この服，小さくて着れないんですが，<u>着てみますか</u>。

   B: 私に似合いそうですね。ありがとうございます。

2. A: 昨日授業に欠席したんですが，ノートを<u>貸してくれますか</u>。

   B: ごめんなさい。明日試験なので，勉強しなければなりません。

3. A: 韓国からジウさんが来たら，どこに<u>行きますか</u>。

   B: そうですね。ディズニーランドでも行きましょうか。

ㄹ래요?/을래요?は，우리 (私たち)，같이 (一緒に)，함께 (共に) などと一緒に使われると，ㄹ까요?/을까요?と同様，何かを一緒にするよう提案したり勧誘する意味となります。しかし，ㄹ래요?/을래요?は，聞き手の行動や意向に重きがあり，ㄹ까요?/을까요?は，話し手と聞き手を含めた私たちの行動に重きがあります。そのため，ㄹ래요?/을래요?は，主語に1人称は使えず，ㄹ까요?/을까요?は3人称が使えません (主語が3人称になると推量の意味になります)。

例　우리 내일 영화 볼래요? / 볼까요?　　　　私たち明日映画見ましょうか。

지우 씨가 물어 볼래요? / 물어 볼까요?　(推量)

ジウさんが尋ねてみますか。/ 尋ねてみるでしょうか。

제가 물어 볼래요? / 물어 볼까요?　　　　私が尋ねてみましょうか。

勧誘表現	話し手の意向	聞き手の意向	3人称
ㄹ래요? /을래요?	×	○	×
ㄹ까요? /을까요?	○	○	推量

✎ 練習問題

解答P347

相応しい表現を全て選びましょう。

1. 같이 놀러 (갈까요? / 갈래요?)

2. 고은 씨, 선생님은 어디서 (살까요? / 살래요?)

3. 죄송한데 물 좀 (주실까요? / 주실래요?)

【意志表現】 ㄹ래요/을래요 vs ㄹ게요/을게요 vs ㄹ/을 거예요 vs 겠어요

ㄹ래요 / 을래요が平叙文で使われる場合は，意志を表すㄹ게요 / 을게요とㄹ/을 거예요との使い分けに注意する必要があります。ㄹ래요 / 을래요とㄹ게요 / 을게요 は，話し手の意志を表す点では一致していますが，ㄹ래요 / 을래요は，聞き手を意識しない話し手の意志を表し，ㄹ게요 / 을게요は，聞き手を意識しながら聞き手に約束するかのように自分の意志を表す表現です。一方，ㄹ/을 거예요は，聞き手とは全く関係のない自分の決心やこれからの計画を表す表現です。

例 A: 술을 마시지 마세요. お酒を飲まないでください。

　B: 네, 안 마실게요. はい，飲みません。
　　 안 마실래요. / 안 마실 거예요.

➡ 안 마실래요と안 마실 거예요は，聞き手を意識しない個人的な意思を表すので，指示に対する返事としては相応しくありません。

　A: 뭐 마실래요? 何飲みますか。
　B: 커피 마실게요. / 마실래요. / 마실 거예요.
　　　　　　　　　　　　　　　　　　　コーヒーを飲みます。

➡ 마실게요＜마실래요 ＜ 마실 거예요
　右に行くほど相手を意識しない勝手なニュアンスが強くなります。

また，意志を表す**겠어요**は，**ㄹ게요/을게요**と同じく聞き手を意識しながら自分の意志を表す表現ではありますが，相手に対する自分の意志を表す際は，普通**겠어요**より**ㄹ게요/을게요**が用いられ，目上の人やかしこまった場面では**겠어요**より**겠습니다**が用いられます。

意志表現	話し手の意志		聞き手を意識
ㄹ래요/을래요	○		×
ㄹ게요/을게요	○	（約束）	○
ㄹ/을 거예요	○	（決心，計画）	×
겠어요	○		○

✎ 練習問題

1. A: 내일 같이 놀러 갈래요?
   B: 네, 같이 놀러 (갈 거예요 / 갈게요)

2. A: 내일 회의에 늦지 마세요.
   B: 네, (안 늦을게요 / 안 늦을래요)

3. A: 주말에 뭐 해요?
   B: 친구를 (만날 거예요 / 만날게요)

文法 51 動詞語幹＋ㄴ / 은 지「〜てから」 (時間の経過)

学習目標 時間がどのくらい過ぎたか言ってみよう！

「動詞語幹＋ㄴ / 은 지」は時間の経過を表し，後ろには되다 (なる)，지나다 (過ぎる)，넘다 (越える) などの動詞がよく使われます。「안＋動詞語幹＋ㄴ / 은 지」「動詞語幹＋지 않은 지」は，ある動作をしなくなってからの時間の経過を表します。

母音語幹＋ㄴ 지	공부하다 ➡ 공부한 지
己語幹【己脱落】＋ㄴ 지	만들다 ➡ 만든 지
子音語幹＋은 지	먹다 ➡ 먹은 지

A: 한국어를 배운 지 얼마나 됐어요?
　　　　　　　　　　韓国語を習ってからどのくらいになりましたか。

B: 한국어를 배운 지 1 년이 됐어요.
　　　　　　　　　　韓国語を習ってから1年になりました。

A: 이거 언제 만들었어요?　　　　　これいつ作りましたか。

B: 만든 지 10 분밖에 안 지났어요.
　　　　　　　　　　作ってからまだ10分しか経っていません。

A: 그 사람 언제 만났어요?　　　　その人にいつ会いましたか。

B: 만나지 않은 / 안 만난 지 한 2 년 됐어요.
　　　　　　　　　　会わなくなってからだいたい2年になりました。

解答P348

以下の表を完成させましょう。

나가다	나간 지	나가신 지	안 나간 지
운동하다			
듣다			
짓다			
자르다			
읽다			
살다			

応用練習

解答P348

I 例のように適切な助詞を入れ，会話を完成させましょう。

> 例 A: 새집 / 이사하다 / 얼마나 / 되다
> 새집에 이사한 지 얼마나 됐어요?
> > （新しい家に引っ越してから，どのくらいになりましたか。）
>
> B: 한 / 1년 / 지나다 / 아직 / 깨끗하다
> 한 1년 지났는데 아직도 깨끗해요.
> > （約1年過ぎたんですが，まだきれいです。）

1. A: 그 / 가게 / 문 / 열다 / 얼마나 / 되다

   _____

   B: 1주일 / 지나다 / 손님 / 별로 / 많지 않다

   _____

2. A: 유학/오다/얼마나/되다

B: 3개월 /넘다/아직/적응/안 되다

3. A: 지금/회사/취직하다/얼마나/되다

B: 아직/얼마/안 되다/벌써/그만두고 싶다
[*]얼마 안 되다 あまり経っていない

Ⅱ | 韓国語に訳しましょう。

1. 会議が始まってから2時間が過ぎたのに，まだ終わっていないようです。

2. 先生がタバコをやめられてから，何年経ちましたっけ。

3. その人から連絡が来なくなってから，ひと月になります。

文法 52

用言語幹＋기 때문에「～ので，～ため」（理由・原因）

学習目標 理由・原因を表す新しい表現を覚えよう！

「用言語幹＋기 때문에」は理由や原因を表す表現で，**아서/어서**及び**니까/으니까**に比べ，強い理由・原因を表し，新聞や論文でよく使われます。また，「名詞＋때문에」は「～のために，～のせいで」という意味になり，主に良くない結果が起こったときに使います。

動詞存在詞形容詞	語幹＋기 때문에	가다 ➡ 가기 때문에
	語幹＋았기/었기 때문에	오다 ➡ 왔기 때문에

母音終わりの名詞	＋(이)기 때문에	가수 ➡ 가수(이)기 때문에
	＋였기 때문에	주부 ➡ 주부였기 때문에
子音終わりの名詞	＋이기 때문에	연말 ➡ 연말이기 때문에
	＋이었기 때문에	학생 ➡ 학생이었기 때문에

※「名詞＋기 때문에」は，母音終わりの名詞につく場合は이がよく省略されます。

태풍이 오기 때문에 외출하면 안 돼요.

台風が来るので，外出してはいけません。

지금 공사 중이기 때문에 들어갈 수 없습니다.

今工事中のため入れません。

비가 왔기 때문에 / 비 때문에 행사가 취소됐어요.

雨が降ったため / 雨のせいで，行事が中止になりました。

※名詞だけで理由や原因を推量できる場合は，「用言語幹＋기 때문에」を「名詞＋때문에」に置き換えられます。

比較してみよう⑪　名詞＋때문에 vs 名詞＋이기 때문에

「名詞＋때문에」と「名詞＋이기 때문에」はどちらも理由・原因を表す表現です。「名詞＋때문에」はその名詞が理由・原因で，一方「名詞＋이기 때문에」は「名詞であること」が理由・原因で後文の動作・状態が起こることを意味します。両者は用法が異なるため，互いに置き換えることができない場合があります。

저는 친구 때문에 오래 기다렸어요.

私は友達のせいで長い間待ちました。（「私」が「友達」のせいで待たされた。）

저는 친구이기 때문에 오래 기다렸어요.

私は友達だから長い間待ちました。（「私」は「あなた」が「私の友達」だから待ってあげた。）

解答P348

以下の表を完成させましょう。

쉬다	쉬기 때문에	쉬었기 때문에
짓다		
늦다		
모르다		
알다		
듣다		
그렇다		
아프다		
공무원		

応用練習

解答P349

Ⅰ 例のように適切な助詞を入れ，会話を完成させましょう。

例 A: 왜 / 우리 / 학교 / 지원하시다

왜 우리 학교에 지원하셨습니까?

（なぜ我々の学校に志願されたんですか。）

B: 하고 싶다 / 공부 / 할 수 있다 / 지원하다

하고 싶은 공부를 할 수 있기 때문에 지원했습니다.

（やりたい勉強ができるので志願しました。）

1. A: 왜 / 어제 / 늦게 / 일하다

B: 해야 하다 / 일 / 많았다 / 야근하다

2. A: 왜 / 독일 / 유학 / 가시다

B: 유명하다 / 교수님 / 추천해 주셨다 / 유학 / 가다

3. A: 그 / 사람 / 왜 / 인사 안 하시다

B: 전혀 / 모르다 / 사람 / 인사하지 않다

Ⅱ | 韓国語に訳しましょう。

1. 発音のせいで, たくさんの人の前で発表したくありません。

2. 泣きすぎて目が腫れたので, 写真を撮りたくありません。

3. クーデターが起こったため, 入国できません。

4. 物価が上がったため, 消費が落ち込んでいます。　　　＊落ち込む 감소하다

比較 してみよう12 | 아서/어서 vs 니까/으니까 vs 기 때문에

아서/어서は客観的な理由・原因を表し，았/었や겠などの時制を表す語と一緒に使うことはできません。また，後文に勧誘文や命令文が来ることはできません。お礼や謝罪表現で使えるのは，아서/어서だけです。

니까/으니까は主観的な理由・原因を表し，았/었や겠などの時制を表す語と一緒に使うことができます。依頼・勧誘・命令文で使えるのは，니까/으니까だけです。お礼や謝罪表現で使うことはできません。

기 때문에は아서/어서及び니까/으니까に比べ，強い理由・原因を表し，新聞や論文でよく使われます。後文に勧誘文や命令文，お礼，謝罪表現が来ることはできません。

	過去形	勧誘・命令	お礼・謝罪
아서/어서	×	×	○
니까/으니까	○	○	×
기 때문에	○	×	×

例

1. 비가 와서 / 오니까 / 오기 때문에 여행을 취소합시다.

   雨が降っているので，旅行をキャンセルしましょう。

2. 늦어서 / 늦으니까 / 늦기 때문에 죄송합니다.

   遅れてすみません。

3. 사고가 나서 / 났어서 / 사고가 났으니까 / 사고가 났기 때문에 / 길이 막힙니다.

   事故が起きたので道が混んでいます。

勧誘文・命令文以外の文章で니까/으니까を使うと，理由・原因を強調するニュアンスになります。そのため，文法的には間違いではありませんが，場合によっては(特に，自分の感情などを表す場合)니까/으니까を使うときつい印象を与えたり，言

い訳のように聞こえる場合があるため，使用に注意が必要です。

A: 왜 웃었어요? どうして笑ったんですか。

B: 친구가 농담을 해서요. 友達が冗談を言ったからです。

친구가 농담을 했으니까요.

친구가 농담을 했기 때문이에요.

A: 요즘 한국 드라마를 좋아해서 한국어를 공부해요.

最近韓国ドラマが好きで韓国語を勉強しています。

요즘 한국 드라마를 좋아하니까 한국어를 공부해요.

요즘 한국 드라마를 좋아하기 때문에 한국어를 공부해요.

B: 그렇군요. 특히 좋아하는 드라마가 있어요?

そうなんですか。特に好きなドラマはありますか。

A: 안색이 안 좋은데 무슨 일 있어요?

顔色が良くないですが，何がありましたか。

B: 남자 친구랑 헤어져서 슬퍼요.

彼氏と別れて悲しいです。

남자 친구랑 헤어졌으니까 슬퍼요.

남자 친구랑 헤어졌기 때문에 슬퍼요.

ふさわしい表現を全て選びましょう。

1. 어제 눈이 (와서 / 왔어서 / 오니까 / 오기 때문에) 눈사람을 만들었어요.

2. 고은 씨가 매운 음식을 (좋아해서 / 좋아하니까 / 좋아하기 때문에) 같이 먹으러 갈래요?

3. 이사를 (도와 주셔서 / 도와 주시니까 / 도와 주시기 때문에) 정말 감사합니다.

4. 가고 싶던 학교에 (합격해서 / 합격했으니까 / 합격했기 때문에) 너무 기뻐요.

5. A: 왜 늦었어요?

   B: 늦잠을 (자서 / 잤어서 / 잤으니까 / 잤기 때문에) 늦었어요.

6. 수요일부터 선거운동이 (시작돼서/시작되니까/시작되기 때문에) 후보자들은 선거 준비로 분주합니다.　　*분주하다 慌ただしい

動詞語幹＋려고 / 으려고 하다
「～しようと思う」（意図・目的）

学習目標 意図・目的の表現を覚えよう！

「動詞語幹＋려고/으려고 하다」は主語の意図や目的を表す際に使います。なお，려고/으려고（～しようと）の形で，文中表現としても使われます。会話では려고요/으려고요の形で使われ，려구요/으려구요と言う場合もあります。

母音語幹＋려고 하다	가다 ➡ 가려고 하다
ㄹ語幹＋려고 하다	놀다 ➡ 놀려고 하다
子音語幹＋으려고 하다	먹다 ➡ 먹으려고 하다

서울역에 가려고 하는데 어떻게 가야 돼요?

ソウル駅に行こうと思っているんですが，どう行けばいいですか。

시험이 끝나면 친구하고 매일 놀려고 해요 / 놀려고 요.

試験が終わったら友達と毎日遊ぼうと思っています。

집에서 만들어서 먹으려고 재료를 샀어요.

家で作って食べようと材料を買いました。

基本練習

例のように変えましょう。

사다	사려고요	사려고 해요	사려고 하는데
찾다			
살다			
긋다			
고르다			
돕다			
걷다			
그렇다			

応用練習

I 例のように会話を完成させましょう。

例 A: 복권 / 당첨되다
복권에 당첨되면 뭐 할 거예요?

（宝くじに当選したら，何をするつもりですか。）

B: 여행 / 좋아하다 / 세계 일주 / 하다
여행을 좋아해서 세계 일주를 하려고요.

（旅行が好きなので，世界一周をしようと思います。）

1. A: 이따가 / 퇴근하다

   B: 어제 / 잠 / 못 / 자다 / 바로 / 자다

2. A: 오랜만 / 친구 / 만나다

   B: 친구 / 다코야키 / 좋아하다 / 집 / 같이 / 만들다

3. A: 한국 / 가다

   B: 도자기 / 관심 / 있다 / 이천 도자기 마을 / 가 보다

   *이천 도자기 마을 利川陶磁器村

II | 日本語を韓国語に訳しましょう。

1. 来週金曜日に予約しようと思っているんですが，予約可能でしょうか。

2. お金を貯めて，沖縄に住んでいる両親に家を建てて差し上げようと思っています。

3. 引っ越しする友達を手伝おうと朝早く起きましたが，お腹が痛くて行けませんでした。

比|較 してみよう13　려고/으려고 하다 vs ㄹ/을 거예요

　2つの用法は，意志や計画を表す点においては一致していますが，そのニュアンスは少々異なります。**려고/으려고 하다**は，まだ決定していないけれど，そうする意図や計画が漠然とある際に用いられます。一方で，**ㄹ/을 거예요**は意図や計画が実現する可能性が高い場面や具体的な計画に用いられます。

例　졸업한 후에 유학을 가려고 해요.

卒業した後に留学に行こうと思います。

➡留学に行く意図や計画が漠然である。

졸업한 후에 유학을 갈 거예요.

卒業した後に留学に行くつもりです。

➡留学に行く意図や計画が具体的である。

文法 54

用言語幹＋거든요
「～んです（よ），～ですけど（ね）」
（理由・前置き）

理由や事実を説明する文末表現を覚えよう！

「用言語幹＋거든요」は前の文の内容に対して，相手が知らないであろう理由や事実を説明する表現です。また，後ろに続く文の根拠として使うこともできます。主に話し言葉で使われ，その理由や事実が当然のことであるかのように述べる際に使います。

動詞 存在詞 形容詞	語幹＋거든요	좋아하다 ➡ 좋아하거든요
	語幹＋았거든요 / 었거든요	살다 ➡ 살았거든요

母音終わりの名詞	＋(이)거든요	교사➡교사(이)거든요
	＋였거든요	가수➡가수였거든요
子音終わりの名詞	＋이거든요	학생➡학생이거든요
	＋이었거든요	선생님➡선생님이었거든요

※名詞＋거든요は，母音終わりの名詞に付く場合は이がよく省略されます。

【理由】 전화를 못 받았어요. 잠깐 화장실에 갔다 왔거든요.

電話に出られませんでした。（なぜなら）ちょっとトイレに行って来たんです。

저는 술을 못 마셔요. 아직 미성년자거든요.

私はお酒が飲めません。（なぜなら）まだ未成年なんです。

【前置き】 지난주에 이사했거든요. 주말에 집들이 하는 데 오세요.

先週引っ越したんです。週末に引っ越し祝いをやるので来てください。

이거 한국에서 산 옷이거든요. 가격도 싸고 디자인도 예쁘죠?

これ韓国で買った服なんです。値段も安いしデザインも可愛いでしょう？

基本練習

解答P350

以下の表を完成させましょう。

만들다	만들거든요	만들었거든요	만드셨거든요
쓰다			
오르다			
걷다			
늦다			
짓다			
돕다			
그렇다			
사장님			

Ⅰ | 例のように会話を完成させましょう。

例 A: 왜/운전 안 하다
　　왜 운전 안 하세요?　　　　　　　　　（どうして運転されないんですか。）

B: 운전면허증/없다/못 하다
　　운전면허증이 없어서 못 하거든요.

（運転免許がなくてできないんです。）

1. A: 왜/매운 음식/안 먹다

　　B: 위/약하다/먹을 수 없다

2. A: 왜/숙제/안 냈다

　　B: 깜빡/잊어버리다/못 했다

3. A: 왜/다른 것/교환하다

　　B: 색깔/너무/빨갛다/마음/안 들다

1. ちょっと手伝っていただけますか？　一人では持てないんですよ。

---

2. 最初はその人をよく知らなかったんですよ。でも会ってみたらいい人でした。

---

3. 明日来る友達は韓国人なんですよ。以前韓国に旅行に行ったときに案内してくれた人です。

文法 55　用言語幹＋잖아요「〜じゃないですか」（確認・訂正）

共通認識を確認する文末表現を覚えよう！

「用言語幹＋잖아요」は，日本語の「〜じゃないですか」の意味で，相手に事実・状況を確認させたり，訂正する際に使われる話し言葉です。尊敬形시/으시，過去形았/었の後ろにもつけることができます。

動詞 存在詞 形容詞	語幹＋잖아요	오다 ➡ 오잖아요
	語幹＋았잖아요/었잖아요	듣다 ➡ 들었잖아요

母音終わりの名詞	＋잖아요	가수 ➡ 가수잖아요
	＋였잖아요	교사 ➡ 교사였잖아요
子音終わりの名詞	＋이잖아요	휴일 ➡ 휴일이잖아요
	＋이었잖아요	학생 ➡ 학생이었잖아요

A: 지우 씨, 오늘 왜 학교에 안 와요?

ジウさん，今日どうして学校に来ないですか。

B: 오늘 휴강이잖아요.　　　　　　今日休講じゃないですか。

A: 왜 벌써 가세요?　　　どうしてもう帰られるんですか。

B: 여기에서 집까지 멀잖아요.　ここから家まで遠いんじゃないですか。

A: 노래를 너무 잘하시네요! 　歌がとてもお上手ですね！

B: 제가 예전에 가수였잖아요. 　私, 以前歌手だったじゃないですか。

✎ 基本練習

解答P351

例のように変えましょう。

먹다	먹잖아요	먹었잖아요	드시잖아요
걷다			
만들다			
배우다			
쓰다			
돕다			
부르다			
하얗다			
선생님			

 応用練習

Ⅰ 　助詞に注意しながら例のように会話を完成させましょう。

例 A: 이거 / 맛있다 / 왜 / 안 드시다
　　　이거 맛있는데 왜 안 드세요?

（これ美味しいのに，どうして召しあがらないんですか。）

　 B: 저 / 매운 것 / 싫어하다 / 안 먹다
　　　저는 매운 것을 싫어해서 안 먹잖아요.

（私は辛いものが嫌いで，食べないじゃないですか。）

1. A: 오늘 / 쉬는 날 / 어디 / 가시다

　 B: 한국어능력시험 / 있다 / 시험 / 보러 가야 하다

2. A: 월말 / 벌써 / 퇴근하시다

　 B: 네 / 과장님 / 승진하시다 / 오늘 / 회식하다

3. A: 그 분 / 그렇게 / 안 유명하다 / 어떻게 / 알다

　 B: 저 / 발이 넓다 / 아는 사람 / 많다 　　　*발이 넓다 顔が広い

1. 先週髪を切ったじゃないですか。なのに美容室にまた行くんですか。

---

2. 私が作って差し上げたじゃないですか。もう忘れたんですか。

---

3. A: あそこのミホさんの隣に座っている人は誰ですか。

   B: あっ！　別れた彼氏じゃないですか。

---

4. A: また韓国ドラマを見ていますか?

   B: はい，韓国ドラマは喜怒哀楽があるから面白いじゃないですか。

   *喜怒哀楽 희로애락

動詞語幹＋기 전에，動詞語幹＋ㄴ / 은 후에 「～する前に，～した後に」 （時間の前後・順序）

学習目標 時間の前後や順序を表す表現を覚えよう！

「動詞語幹＋**기 전에**」は「～する前に」，「動詞語幹＋**ㄴ/은 후에**」は「～した後に」 という意味で，時間の前後や順序を表します。**후에**の代わりに**다음에**や**뒤에**を使う こともできます。

名詞の場合は「名詞＋**전에**」，「名詞＋**후에**」の形になります。

動詞	母音語幹＋기 전에	하다 ➡ 하기 전에
	ㄹ語幹＋기 전에	살다 ➡ 살기 전에
	子音語幹＋기 전에	입다 ➡ 입기 전에

動詞	母音語幹＋ㄴ 후에	하다 ➡ 한 후에
	ㄹ語幹【ㄹ脱落】＋ㄴ 후에	살다 ➡ 산 후에
	子音語幹＋은 후에	입다 ➡ 입은 후에

※会話では에が省略されることもあります。

한국에 살기 전에 미국에서 살았어요.

韓国に住む前，アメリカに住んでいました。

수업하기 전에 / 수업 전에 예습해야 해요.

授業をする前 / 授業の前に予習しなければなりません。

그건 숙제를 다 한 후에 하세요.

それは宿題を全てやった後にしてください。

먼저 옷을 입은 다음에 화장해요. 先に服を着た後, 化粧します。

졸업한 후에 / 졸업 후에 한국 회사에서 일하고 싶어요.

卒業した後 / 卒業後, 韓国の会社で働きたいです。

基本練習

解答P352

以下の表を完成させましょう。

가다	가기 전에	가시기 전에	간 후에	가신 후에
묻다				
팔다				
낫다				
넣다				
도착하다				
돕다				
부르다				
씻다				

解答 P353

Ⅰ | 例のように会話を完成させましょう。

例　A: 점심 / 먹다 / 산책하다

　　점심을 먹기 전에 산책해도 될까요?

　　　　　　　　　　（お昼を食べる前に散歩してもいいでしょうか。）

　　B: 점심 / 먹다 / 산책하다

　　점심을 먹은 후에 산책하세요.

　　　　　　　　　　（お昼を食べた後に散歩してください。）

1. A: 밥 / 짓다 / 찌개 / 끓이다

   B: 밥 / 짓다 / 끓이다

2. A: 연락 / 오다 / 미리 / 물건 / 싣다

   B: 연락 / 받다 / 물건 / 싣다

3. A: 청소하다 / 창문 / 열다

   B: 청소 / 끝내다 / 창문 / 열다

韓国語に訳しましょう。

1. みんなの意見を聞いた後に決めるのが良さそうです。

2. 食事の前にお菓子を食べてはいけません。

3. 寝る前に明日持っていくものを準備しなければいけません。

用言語幹＋기「〜すること」（名詞化）
動詞語幹＋기 (가) 쉽다 / 편하다 / 어렵다 / 힘들다 / 불편하다

　動詞や形容詞の語幹に기が付くと，名詞になり「〜すること」などの意味になります。

例　읽다 ➡ 읽기 読むこと　　　쓰다 ➡ 쓰기 書くこと

　　듣다 ➡ 듣기 聞くこと　　　말하다 ➡ 말하기 話すこと

　　걷다 ➡ 걷기 歩くこと　　　달리다 ➡ 달리기 走ること

　　빠르다 ➡ 빠르기 速さ　　　크다 ➡ 크기 大きさ

　　밝다 ➡ 밝기 明るさ　　　굵다 ➡ 굵기 太さ

한국어는 쓰기와 듣기가 어려워요.

韓国語は書くこと（書き取り）と聞くこと（聞き取り）が難しいです。

요즘 걷기와 달리기 운동을 하고 있어요.

最近歩くことと走る運動をしています。

방 크기가 좀 작은 것 같아요.　部屋の大きさが少し小さいようです。

　また，動詞語幹に기を付け，기 (가) 쉽다 / 편하다 / 어렵다 / 힘들다 / 불편하다などの表現でも使われます。

1 動詞語幹＋기 쉽다「〜しやすい」

　「動詞語幹＋기 쉽다」は「〜しやすい」と訳されますが，「〜する可能性が高い」「〜するのが簡単だ」の2つの意味で使われます。

이 접시는 깨지기 쉬워요.

このお皿は割れやすいです。（割れる可能性が高い）

김치찌개는 만들기 쉬워요.

キムチチゲは作りやすいです / 作り方が簡単です。

2 動詞語幹＋기 편하다 「〜しやすい」

「動詞語幹＋기 편하다」は「〜しやすい」と訳されますが、「〜するのが快適で楽だ、するのに便利だ」という意味で使われます。

이 책은 글씨가 커서 읽기 편해요.

この本は文字が大きくて読みやすいです。（目が疲れることなく楽に読める）

① 기 쉽다 vs 기 편하다

기 쉽다/편하다は、両方とも「〜しやすい」と訳されますが、日本語の「〜しやすい」には「〜するのが簡単だ」「するのに便利だ」という2つの使い方があり、それぞれを韓国語に訳す際は表現が異なるので、使い分けに注意しなければなりません。

例えば、「東京は住みやすいです」を韓国語に訳す場合、この文章は一般的に「東京は住み方が簡単だ」という意味ではなく、「東京は快適に暮らせる」という意味なので기 편하다を使います。

도쿄는 살기 편해요 / 도쿄는 살기 쉬워요

つまり、기 쉽다は何かのやり方や方法に焦点がおかれ、「（やり方/方法が）簡単だ」という意味で、기 편하다は「〜が快適で楽だ、〜するのに便利だ」という意味で用いられます。

쓰기 쉬운 볼펜　書きやすいボールペン（使い方が簡単なボールペン）

쓰기 편한 볼펜　書きやすいボールペン（楽に書けるボールペン）

하기 쉬운 일　やりやすい仕事（やり方が簡単な仕事）

하기 편한 일　やりやすい仕事（大変でない楽な仕事）

3 動詞語幹+기 힘들다 / 어렵다「〜しにくい」

「動詞語幹+기 힘들다 / 어렵다」は両方とも「〜しにくい」と訳されますが、主に 기 힘들다は「〜しがたい、するのが大変だ」、기 어렵다は「〜（やり方 / 方法）するのが難しい」という意味で用いられます。

짐이 많아서 혼자 들기 힘들어요 / 어려워요.

荷物が多いので一人で持つのが大変です。

설명이 복잡해서 이해하기 힘들어요 / 어려워요.

説明が複雑で理解しにくいです。

신주쿠는 전철 노선이 너무 많아서 갈아타기가 힘들어요 / 어려워요.

新宿は電車の路線がとても多いので乗り換えるのが / 乗り換える方法が難しいです。

4 動詞語幹+기 불편하다「〜しにくい、するのが不便だ」

「動詞語幹+기 불편하다」は「〜しにくい」と訳されますが、主に「〜するのに不便だ」という意味で用いられます。

집 근처에 슈퍼가 없어서 생활하기 불편해요.

家の近くにスーパーがないので生活しにくいです / 生活するのに不便です。

👍 ② 기 힘들다/어렵다 vs 기 불편하다

기 힘들다/어렵다와 기 불편하다는, 両方とも「〜しにくい」に訳されますが, 日本語の「〜しにくい」には「〜するのが難しい」「〜するのに不便だ」という2つの使い方があり, それぞれを韓国語に訳す際の表現は異なるので, 使い分けに注意する必要があります。

例えば, 그 사람은 만나기 힘들어요/어려워요は,「彼は会いにくい＝簡単に会えない, 会うことが難しい」という意味で, 그 사람은 만나기 불편해요は「会っていて居心地が悪い」という意味になります。

앉기 어려운 의자 座りにくい椅子（座り方が難しい椅子）
앉기 불편한 의자 座りにくい椅子（座り心地が悪い椅子）

✎ 基本練習

解答P353

例のように変えましょう。

듣다	듣기	듣기 쉽다	듣기 어렵다
읽다			
쓰다			
말하다			
만들다			
먹다			
모으다			

Ⅰ　助詞を補い，（　）の中から適切な文型を選んで会話を完成させましょう。

> 例　A: 이사간 집/살다 (기 쉽다/편하다)
> 　　　이사간 집은 살기 편해요?　　（引っ越した家は住みやすいですか。）
>
> 　　B: 네/역/가깝다/살다 (기 쉽다/편하다)
> 　　　네, 역에서 가까워서 살기 편해요.
> 　　　　　　　　　　　　　　　　　（はい，駅から近くて住みやすいです。）

1. A: 그/노트북/쓰다 (기 쉽다 / 편하다)

   B: 아뇨/속도/느리고 무겁다/쓰다 (기 어렵다 / 불편하다)

2. A: 요즘/취직하다 (기 쉽다 / 편하다)

   B: 아뇨/경기/안 좋다/취직하다 (기 힘들다 / 불편하다)

3. A: 이/문제/풀다 (기 어렵다 / 불편하다)

   B: 네/복잡하다/틀리다 (기 쉽다 / 편하다)

1. 日本ではお財布を無くしても見つけやすいほうです。　　*見つける 찾다

2. 経験がないと，合格するのが難しいでしょうか。

3. 説明が分かりやすいので，読みやすいと思います。

4. 家から駅まで遠くて暮らしにくいけど，家賃は安いです。　*暮らす 살다

5. 雪が降って滑りやすいので，気をつけてください。

6. あの人は以前会ったことがありますが，とても話しやすい人でした。

・**動詞語幹+기 좋다 「〜するのに良い」**

例 이 노래는 공부할 때 듣기 좋아요.

この歌は勉強するとき聴くのに良いです。

また，**기 좋다**は**기 편하다**の代わりにも使えます。

例 도쿄는 살기 편해요 / 살기 좋아요 東京は住みやすいです。

・**動詞語幹+기 싫다 「〜するのが嫌だ」**

例 친구들과 헤어지기 싫어요. 友達と別れるのが嫌です。

・**動詞語幹+기 시작하다 「〜し始める」**

例 지난주부터 요가교실에 다니기 시작했어요.

先週からヨガ教室に通い始めました。

動詞語幹+기로 하다「〜することにする」
（計画・決定）

学習目標　計画を言ってみよう！

「動詞語幹+기로 하다」は「〜することにする」という意味で，計画や決定した事柄を述べる際に使います。

ㄹ/을 거예요や려고/으려고 해요に比べ，기로 하다は確実な計画・決定を表します。

母音語幹+기로 하다	가다 ➡ 가기로 하다
ㄹ語幹+기로 하다	만들다 ➡ 만들기로 하다
子音語幹+기로 하다	걷다 ➡ 걷기로 하다

A: 언제 마트에 갈까요?
　　　　　　　　　　　　　　いつスーパーに行きましょうか？

B: 먼저 우체국에 갔다 온 후에 가기로 하죠.
　　　　　　　　　　　先に郵便局に行って来た後で行くことにしましょう。

A: 오늘 저녁은 뭘 먹기로 했어요?
　　　　　　　　　　　　　　今日の夕飯は何を食べることにしましたか？

B: 제가 김치찌개를 만들기로 했는데 같이 드실래요?
　　　　　　　　　　私がキムチチゲを作ることにしたんですけど，一緒に食べませんか？

解答P354

以下の表を完成させましょう。

팔다	팔기로 하다	팔기로 했어요	팔기로 하셨어요
들다			
부르다			
짓다			
듣다			
돕다			
쓰다			
만나다			

✎ 応用練習

解答P354

Ⅰ 例のように適切な助詞を入れて，会話を完成させましょう。

例 A: 주말 / 등산 / 가다 / 같이 / 가다

주말에 등산을 가기로 했는데 같이 갈래요?

（週末に登山に行くことにしたんですが，一緒に行きますか。）

B: 못 가다 / 주말에 / 친구 / 만나다

못 갈 것 같아요. 주말에 친구를 만나기로 했거든요.

（行けなさそうです。週末に友達と会うことにしたんですよ。）

1. A: 축구 / 동아리 / 들어가다 / 같이 / 하다

B: 시간 / 없다 / 아르바이트 / 시작하다

2. A: 댄스 학원 / 다니다 / 같이 / 다니다

   B: 못 다니다 / 다음달 / 학원 / 영어 / 배우다

3. A: 학교 / 근처 / 큰 방 / 빌리다 / 같이 / 살다

   B: 어렵다 / 이미 / 다른 친구 / 같이 / 살다

Ⅱ | 韓国語に訳しましょう。

1. 食べ物が足りなかったら困るから，もっとたくさん頼むことにしましょう。
                                                            *困る 안되다

2. 今日友達の引っ越しを手伝ってあげることにしたんですが，友達が電話に出ません。
                                                    *電話に出ない 전화를 안 받다

3. このズボンは小さくて履きにくいので，交換することにしましょう。

用言語幹+게 「〜に，〜く，〜ように」 (副詞化)

用言の副詞化とそれにまつわる表現を覚えよう！

用言語幹に게がつくと「〜に」「〜く」「〜ように」の意味になり，副詞になります。

母音語幹+게	깨끗하다 ➡ 깨끗하게
ㄹ語幹+게	알다 ➡ 알게
子音語幹+게	좋다 ➡ 좋게

A: 머리를 어떤 스타일로 할 거예요?

どんな（ヘア）スタイルにするつもりですか。

B: 짧게 자르고 염색도 할 거예요. 短く切って，染めるつもりです。

뒤에 있는 사람에게도 잘 보이게 크게 써 주세요.

後ろにいる人にもよく見えるように大きく書いてください。

「動詞語幹+게 되다」は「〜することになる，〜するようになる」という意味になり，物事や行動の変化を表します。

🔑 A: 왜 한국어를 공부하게 됐어요?

なぜ韓国語を勉強するようになりましたか。

B: 한국 역사에 관심을 가지게 돼서요.

韓国の歴史に興味を持つようになったからです。

🔑 A: 그 사람을 어떻게 알게 됐어요?

その人をどうやって知りましたか。（知ることになりましたか。）

B: 친구 소개로 알게 됐어요.

友達の紹介で知りました。（知ることになりました。）

✎ **基本練習**

解答P355

以下の表を完成させましょう。

만나다	만나게	만나게 되다	만날 수 있게 되다
깨닫다			
짓다			
살다			
이사하다			
입다			
돕다			
쓰다			

I | 例のように適切な助詞を入れ，会話を完成させましょう。

> 例 A: 어떤 옷/입고 가다
>
> 　　어떤 옷을 입고 가야 돼요?
>
> 　　　　　　　　　　　（どんな服を着て行かなければなりませんか。）
>
> B: 산/가다/따뜻하다/입다
>
> 　　산에 가니까 따뜻하게 입으세요.
>
> 　　　　　　（山に行くので暖かく着てください。→暖かい格好で来てください）

1. A: 저희/어디/앉다

   B: 자리/많다/아무 데나/편하다/앉다

2. A: 필요한 물건/언제/사다

   B: 다음 달/백화점/세일하다/그때/싸다/사다

3. A: 언제/방/청소/하다

   B: 곧/손님/오다/지금/깨끗하다/청소하다

1. 私は今月から営業部で働くことになった渡辺です。

2. 蕎麦は冷たくして食べるのが美味しいです。　　　　*蕎麦 소바

3. 人が入って来られないように，ドアを閉めてください。

4. 高校の時の後輩と結婚することになったんですが，実感が湧きません。

　　　*実感が湧かない　실감이 안 나다

形容詞語幹＋아지다 / 어지다
「〜くなる / になる」
(状態の変化)

学習目標 形容詞を使って状態の変化について言ってみよう！

「形容詞語幹＋아지다/어지다」は，ある状態の変化を表し，動詞となります。よく**점점，차츰**（だんだん，次第に）などの副詞と一緒に使われます。

陽母音＋아지다	짧다 ➡ 짧아지다
陰母音＋어지다	길다 ➡ 길어지다
하다 ➡ 해지다	유명하다 ➡ 유명해지다

키가 커서 바지가 짧아졌어요.　背が伸びてズボンが短くなりました。

여름이 되면 해가 길어져요.　　夏になりますと日が長くなります。

저 가수는 드라마에 나온 후에 점점 유명해졌어요.

　　　　　　　あの歌手はドラマに出た後，だんだん有名になりました。

解答P356

例のように変えましょう。

좋다	좋아져요	좋아졌어요	좋아지셨어요
멀다			
조용하다			
부드럽다			
예쁘다			
하얗다			
빠르다			

応用練習

解答P356

Ⅰ 助詞に注意しながら例のように会話を完成させましょう。

例 A: 오랜만에 / 만나다 / 친구 / 어떻다

오래만에 만난 친구는 어땠어요?

（久しぶりに会った友達はどうでしたか。）

B: 말 / 없다 / 친구 / 말 / 많다

말이 없던 친구가 말이 많아졌어요.

（口数が少なかった友達が，口数が多くなりました。）

1. A: 10년 만에 / 가다 / 학교 / 어떻다

   B: 학교 / 근처 / 있다 / 카페 / 없다

2. A: 이번 / 보다 / 시험 / 쉽다

   B: 작년 / 쉬웠다 / 문제 / 많이 / 어렵다

3. A: 고향 / 계시다 / 부모님 / 건강 / 어떠시다

   B: 건강하시다 / 어머니 / 눈 / 많이 / 나쁘다   (尊敬形)

Ⅱ | 韓国語に訳しましょう。

1. ユウタさんは緊張すると顔が赤くなるようです。

2. その話を聞いた由佳さんの顔が青くなってびっくりしました。

3. 社会人になると忙しくなるから，だんだん会えなくなると思います。

比較 してみよう14　게 되다 vs 아지다/어지다

動詞語幹に付く**게 되다**（文法59）と，形容詞語幹に付く**아지다/어지다**（文法60）は両方とも変化を表す表現です。ただし，**게 되다**は変化した結果を，**아지다/어지다**は変化する過程を強調しています。

이 친구를 만나서 한국어를 공부하게 됐어요.

この友達に会って，韓国語を勉強することになりました。

〈動詞語幹＋**게 되다**：変化した結果を強調〉

이 친구를 만나서 한국어가 좋아졌어요.

この友達に会って，韓国語が好きになりました。

〈形容詞語幹＋**아지다/어지다**：変化する過程を強調〉

〈変化表現のまとめ〉

動詞語幹	게 되다(文法59)
形容詞語幹	아지다/어지다(文法60)
存在詞語幹 (없다)	
名詞	가/이 되다

키가 커서 자주 입던 바지를 못 입게 됐어요.

背が伸びて，よく着ていたズボンがはけなくなりました。

키가 커서 바지가 짧아졌어요.

背が伸びて，ズボンが短くなりました。

키가 커서 농구 선수가 됐어요.

背が高いのでバスケットボール選手になりました。

用言語幹＋면서 / 으면서「〜しながら」 （動作・状態の同時進行）

「用言語幹＋면서 / 으면서」は動詞の語幹につくと「〜しながら」という意味で動作の同時進行を表します。形容詞の語幹につくと「〜でありながら」「〜くて」という意味になり、ある状態とある状態が同時に存在していることを表します。また、「〜だが」「〜なのに」という前後の内容が相反することを表す際にも使うことができます。

母音語幹＋면서	보다 ➡ 보면서
ㄹ語幹＋면서	알다 ➡ 알면서
子音語幹＋으면서	먹다 ➡ 먹으면서

A: 주말에 보통 집에서 뭐 하세요? 週末普段家で何をなさいますか。

B: 텔레비전을 보면서 청소해요. テレビを見ながら掃除します。

가격이 싸면서 품질도 좋네요. 値段が安くて品質も良いですね。

알면서도 말을 안 해 줘요.

知っているくせに（知っていながらも）言ってくれません。

※면서 / 으면서に助詞도がつくと強調の意味になります。

以下の表を完成させましょう。

가다	가면서	가시면서
싣다		
만들다		
멋있다		
짓다		
누르다		
돕다		
크다		

応用練習

Ⅰ | 例のように適切な助詞を入れ，会話を完成させましょう。

例 A: 수업 / 어떻다 / 식 / 진행하다
　　수업을 어떤 식으로 진행해요? （授業をどんな風に進めていますか。）

B: 영상 / 보여 주다 / 설명하다
　　영상을 보여 주면서 설명해요.

（映像を見せてあげながら説明します。）

1. A: 회의 / 어떻다 / 방법 / 하다

B: 모든 사람 / 의견 / 듣다 / 하다

2. A: 한국어/공부/어떻다/식/하다

B: 드라마/보다/표현/배우다

3. A: 선생님/어떻다/분

B: 항상/웃다/이야기하시는 분

Ⅱ 韓国語に訳しましょう。

1. あの人はいつも泣きながら歌うことで有名な歌手です。

2. 危ないので，自転車に乗りながら音楽を聴かないでください。

3. その作品は，悲しいながらも美しい物語として人気があります。

文法 62 形容詞語幹＋아 / 어 보이다 「〜く見える，〜に見える」(推量・判断)

学習目標　知覚動詞보이다 (見える) を覚えよう！

「形容詞語幹＋아 / 어 보이다」は，物事に対する話し手の推量や判断を表す際に用いられ，日本語の「〜く見える，〜に見える，〜そうに見える」に当たります。

陽母音＋아 보이다	작다 ➡ 작아 보이다
陰母音＋어 보이다	어리다 ➡ 어려 보이다
하다 ➡ 해 보이다	편하다 ➡ 편해 보이다

머리를 짧게 잘라서 어려 보여요.

　　　　　　　　　　　髪を短く切ったので，若く見えます。

이 신발 편해 보이는데 한번 신어 봐도 돼요?

　　　　この靴，楽そうに (歩きやすそうに) 見えますが，一度履いてみてもいいですか。

손님, 사이즈가 좀 작아 보이네요.

　　　　　　　　　　お客様，サイズが少し小さそうですね。

基本練習

例のように変えましょう。

젊다	젊어 보여요	젊어 보였어요	젊어 보이세요
멋있다			
건강하다			
귀엽다			
예쁘다			
하얗다			
괜찮다			

応用練習

解答P357

I 助詞に注意しながら例のように会話を完成させましょう。

例 A: 새로 / 사다 / 노트북 / 좋다
　　새로 산 노트북이 좋아 보이는데요?
　　　　　　　　　　（新しく買ったノートパソコンが良さそうに見えますね。）

B: 좋다 / 좀 / 무겁다
　　좋아 보이지만 좀 무거운 편이에요.
　　　　　　　　　　（良さそうに見えますが、ちょっと重い方です。）

1. A: 여기 / 팔다 / 떡볶이 / 맛있다

_____

B: 맛있다 / 좀 / 맵다

_____

形容詞語幹+아 / 어 보이다「〜く見える、〜に見える」（推量・判断） **273**

2. A: 내일 / 만나다 / 사람 / 괜찮다

    B: 그렇다 / 실은 / 성격 / 까다롭다   *까다롭다 気難しい

3. A: 미라 씨 / 사귀다 / 사람 / 성실하다

    B: 성실하다 / 약속 시간 / 자주 / 늦다

Ⅱ　韓国語に訳しましょう。

1. 難しそうに見えても誰でもできる仕事です。

2. 大変そうに見えますが, 大丈夫ですか。(尊敬形)

3. ジウさんに何かありましたか？　目も赤いし, 唇も青くて具合が悪そ
   うに見えました。   *具合が悪い 아프다

動詞語幹＋아/어 버리다「～してしまう」 (動作の完了・実現)

学習目標　残念なことやスッキリしたことを表す表現を覚えよう！

「用言語幹＋아/어 버리다」は「～してしまう」という意味で，ある事柄が望まない結果に終わってしまったときや，その動作が完了したことで話し手が感じていた負担などが取り除かれ，スッキリしたことを表すときに使います。

陽母音＋아 버리다	가다 ➡ 가 버리다
陰母音＋어 버리다	믿다 ➡ 믿어 버리다
하다 ➡해 버리다	하다 ➡ 해 버리다

🔑 친구하고 약속했는데 제가 한 시간이나 늦어서 친구가 가 버렸어요.

> 友達と約束したのに私が1時間も遅れて，友達が帰ってしまいました。

🔑 시간이 없으니까 일을 빨리 끝내 버립시다.

> 時間がないから仕事を早く終わらせてしまいましょう。

🔑 A: 왜 어제 안 오셨어요?　　なぜ昨日いらっしゃらなかったんですか。

B: 약속한 걸 잊어버렸어요. 죄송해요.

> 約束したことを忘れてしまいました。すみません。

※잊어버리다 (忘れてしまう), 잃어버리다 (失くしてしまう) などは，これで一つの単語となっているので，分かち書きせずに書きます。

以下の表を完成させましょう。

가다	가 버려요	가 버렸어요	가 버렸는데요
끄다			
싣다			
울다			
붓다			
누르다			
말하다			
지우다			

Ⅰ | 例のように適切な助詞を入れ，会話を完成させましょう。

例 A: 왜 / 늦게 / 오셨다

　　왜 늦게 오셨어요?　　　　（どうして遅くいらっしゃったのですか。）

B: 늦잠 / 자다 / 늦었다

　　늦잠을 자 버려서 늦었어요.　　（寝坊してしまって，遅れました。）

1. A: 왜 / 필요한 물건 / 안 사셨다

_____

B: 이번 달 / 용돈 / 다 / 쓰다 / 못 샀다

_____

2. A: 왜 / 크리스마스 / 혼자 / 보내셨다

   B: 여자 친구 / 헤어지다 / 혼자 / 지냈다

3. A: 왜 / 음식 / 버리셨다

   B: 요리 / 다 / 타다 / 못 먹었다　　　　　　　*타다 焦げる

Ⅱ | **韓国語に訳しましょう。**

1. そんな会社, 辞めてしまえばいいじゃないですか。

2. 失くしてしまったものが見つかる夢を見ました。　　*見つかる 찾다

3. 美味しいケーキがあるのに, 夕食を食べすぎてしまって, 食べられません。

用言語幹＋거나「～たり，～か」 （羅列・選択）

学習目標 事柄の羅列や選択を表す表現を覚えよう！

「用言語幹＋**거나**」は2つ以上の動作や状態を羅列する際に使います。また，2つ以上の動作や状態を羅列し，その中から1つを選択する時にも使います。

動詞 存在詞 形容詞	語幹＋거나	하다 ➡ 하거나
	語幹＋았거나/었거나	읽다 ➡ 읽었거나

母音終わりの名詞	＋거나	의사 ➡ 의사거나
	＋였거나	간호사 ➡ 간호사였거나
子音終わりの名詞	＋이거나	학생 ➡ 학생이거나
	＋이었거나	공무원 ➡ 공무원이었거나

A: 신칸센을 타면 보통 뭐 해요?

新幹線に乗ったら普通何をしますか。

B: 보통 책을 읽거나 음악을 듣거나 해요.

普通本を読んだり音楽を聞いたりします。

A: 고은 씨가 왜 기분이 안 좋아 보이죠?

ゴウンさんはなぜ気分が良くなさそうなんでしょう。

B: 남자친구하고 싸웠거나 회사에서 무슨 일이 있었
거나 해서 그럴 거예요.

彼氏と喧嘩したか，会社で何かあってそうなんだと思いますよ。

 A: 그 양복을 입은 남자는 누구일까요?

そのスーツを着た男の人は誰でしょうか。

B: 변호사거나 판사일 거예요. 弁護士か裁判官でしょう。

基本練習

解答P359

以下の表を完成させましょう。

가다	가거나	갔거나	가시거나
걷다			
누르다			
춥다			
되다			
운동하다			
짓다			
그렇다			
기자			
국회의원			

 **応用練習**

Ⅰ 例のように適切な助詞を入れて，会話を完成させましょう。

> 例 A: 심심하다 / 때 / 보통 / 뭐 / 하다
> 　　심심할 때 보통 뭐 해요? （暇な時，普通何をしますか。）
>
> 　 B: 드라마 / 보다 / 낮잠 / 자다
> 　　드라마를 보거나 낮잠을 자거나 해요.
> 　　　　　　　　　（ドラマを見たり，昼寝をしたりします。）

1. A: 공부하기 싫다 / 때 / 어떻게 / 하다

   _____

   B: 영화 / 보다 / 친구 / 수다 / 떨다

   _____

2. A: 단어 / 모르다 / 때 / 어떻게 / 해야 하다

   _____

   B: 선생님 / 묻다 / 사전 / 찾다

   _____

3. A: 집 / 구하다 / 때 / 어떻게 / 하다

   _____

   B: 부동산 / 가다 / 인터넷 / 알아보다

   _____

Ⅱ 韓国語に訳しましょう。

1. 昨日の夜，水をたくさん飲んだかラーメンを食べて寝て顔がむくんで
   いるようです。

   ....

2. この黒い飲み物はコーラかコーヒーでしょう。

   ....

3. お問い合わせは，お電話いただくかメールを送っていただくかすれ
   ば，お答えいたします。　　　　　*問い合わせ 문의 사항　　*答える 답변하다

   ....

付録：助詞のまとめ

	助詞	終声	例文
は	는	無	저는 대학생이에요. 私は大学生です。
	은	有	남동생은 회사원이에요. 弟は会社員です。
	께서는 (尊敬)		선생님께서는 안 계세요. 先生はいらっしゃいません。
が	가	無	여기가 식당이에요. ここが食堂です。
	이	有	이 분이 선생님이에요. この方が先生です。
	께서 (尊敬)		선생님께서 가세요. 先生が行かれます。
を	를	無	드라마를 봐요. ドラマを見ます。
	을	有	사진을 찍어요. 写真を撮ります。
と	와	無	우유와 빵 牛乳とパン
	과	有	빵과 우유 パンと牛乳
	하고 (話し言葉)		빵하고 우유 パンと牛乳
と	랑	無	친구랑 여동생 友達と妹
	이랑	有	여동생이랑 친구 妹と友達
の	의	–	친구의 친구 友達の友達
も	도	–	저도 가요. 私も行きます。

に	位置	에	–	위에 있어요. 上にあります。
	時間	에	–	12시에 만나요. 12時に会います。
	方向	에	–	학교에 가요. 学校に行きます。
	人	에게	–	친구에게 보내요. 友達に送ります。
		께 (尊敬)	–	선생님께 보냈어요. 先生に送りました。
へ	方向	로	無	학교로 가요. 学校へ行きます。
		으로	有	이쪽으로 오세요. こちらへ来てください。
で	手段	로	無	버스로 가요. バスで行きます。
		으로	有	손으로 써요. 手で書きます。
	場所	에서	–	학교에서 공부해요. 学校で勉強します。
	単位	에	–	1000원에 부탁해요. 1000ウォンでお願いします。
から	場所	에서	–	한국에서 와요. 韓国から来ます。
	時間	부터	–	1시부터 만나요. 1時から会います。
	人	에게서	–	친구에게서 받았어요. 友達から貰いました。
		한테서 (話し言葉)	–	친구한테서 받았어요. 友達から貰いました。
まで		까지	–	저녁까지 공부해요. 夕方まで勉強します。
より		보다	–	공부보다 운동 勉強より運動
だけ		만	–	1개만 있어요. 1つだけあります。
でも		라도	無	식사라도 하죠. 食事でもしましょう。
		이라도	有	빵이라도 먹죠. パンでも食べましょう。
しか		밖에	–	100엔밖에 없어요. 100円しかありません。
ように		처럼	–	학생처럼 보여요. 学生のように見えます。

付録：連体形のまとめ

	未来	現在	過去	
			単純過去	回想
動詞・存在詞	ㄹ / 을	는	ㄴ / 은	던, 았던 / 었던
形容詞・指定詞		ㄴ / 은	던, 았던 / 었던	

※存在詞있다，없다，계시다の場合は，있던，없던，계시던という形で単純過去を表します。
　用言と「時（때）」が結合する場合は，時制に関係なく慣用的にㄹ / 을 때または았을 / 었을
　때を使います。

●未来連体形
　　내일 볼 드라마 (明日見るドラマ)，내일 먹을 요리 (明日食べる料理)
　　내일 만들 요리 (明日作る料理)，내일 있을 회의 (明日ある会議)

●現在連体形（動詞・存在詞）
　　지금 보는 드라마 (今見るドラマ)，지금 먹는 요리 (今食べる料理)
　　지금 만드는 요리 (今作る料理)，지금 여기 있는 물건 (今ここにある品物)

●現在連体形（形容詞・指定詞）
　　큰 / 작은 / 먼 집 (大きい／小さい／遠い家)，학생인 남동생 (学生である弟)

●過去連体形（動詞・存在詞）
　　어제 본 드라마 (昨日見たドラマ)，어제 먹은 요리 (昨日食べた料理)
　　어제 만든 요리 (昨日作った料理)，
　　여기에 있던 / 있었던 지갑 (ここにあった財布)

●過去連体形（形容詞・指定詞）
　　길던 / 길었던 머리 (長かった髪)，
　　중학생이던 / 중학생이었던 딸 (中学生だった娘)

●**過去回想連体形（動詞）**

学생 때 자주 **가던 / 갔던** 식당 (学生の時よく行っていった食堂)

〈動詞語幹＋ㄴ / 은，던，았던 / 었던〉

「動詞語幹＋ㄴ / 은，던，았던 / 었던」は，すべて過去連体形として過去の出来事を表す点では一致しますが，それぞれ意味が異なります。

「動詞語幹＋ㄴ / 은」は，単純に過去のある時点の出来事を表すします（完了）。「動詞語幹＋던」は，過去に繰り返し行っていたこと（反復）や，動作が完全に終わっていないこと（未完）を表します。

「動詞語幹＋았던 / 었던」も，過去に繰り返し行っていたこと（反復）を表しますが，「動詞語幹＋던」よりもその反復性は低くなります。また，過去にその動作を行っていたけれど，現在ではもう行っていないことも表します（完了）。

【単純過去】　　　먹은 빵 食べたパン 〈完了〉

：過去のある時点でパンを食べた事実を述べる。
　完了の意味は**았던 / 었던**より弱い。

【回想 (反復)・未完】　먹던 빵 食べていたパン

：①過去に繰り返しよく食べていたパン
　②食べかけのパン

【回想 (反復)・完了】　먹었던 빵 食べていたパン

：①過去によく食べていたパン。
　　反復性は**던**より低い
　②今は食べないパン

	完了	未完	回想 (反復)
ㄴ / 은	○	×	×
던	×	○	○
았던 / 었던	◎	×	○

●**活用の種類**

用言の活用型は，次の3つの種類があります。

活用型		文型	用例
語幹型	語幹のみ	例 지만 (逆接)	가다 ➡ 가지만 (行くけど)
			먹다 ➡ 먹지만 (食べるけど)
으型	母音語幹＋φ	例 면 / 으면 (仮定)	가다 ➡ 가면 (行ったら)
	子音語幹＋으		먹다 ➡ 먹으면 (食べたら)
아 / 어型	陽母音＋아	例 해요体	앉다 ➡ 앉아요 (座ります)
	陰母音＋어		먹다 ➡ 먹어요 (食べます)

活用型	文型
語幹型	否定形, 지만 (対比・逆説), 고 (動作の完了・羅列), 고 싶다 (希望・願望), 지요 (確認・勧誘など), 겠 (意志・推量・婉曲), 고 있다 (動作・状態・習慣の進行), 지 못하다 (能力・可能性), 네요 (感嘆), 지 말다 (禁止), 기 때문에 (理由・原因), 거든요 (理由・前置き), 잖아요 (確認・訂正), 기 전에 (時間の前後・順序), 기로 하다 (計画・決定), 게 (副詞化), 거나 (羅列・選択)

으型	세요 / 으세요 (尊敬形), 면 / 으면 (仮定・条件), ㄹ까요 / 을까요 (勧誘・意見を尋ねる), ㅂ시다 / 읍시다 (勧誘), 러 / 으러 (移動の目的), ㄹ / 을 수 있다 / 없다 (能力・可能性), ㄹ게요 / 을게요 (意志・約束), 니까 / 으니까 (理由・原因, 発見), ㄹ / 을 때 (とき), ㄴ데 / 은데 / 는데 (状況説明・対比), ㄴ / 은 적이 있다 / 없다 (経験の有無), ㄹ / 을 것이다 (意志, 予定, 推量), ㄴ / 은 편이다 (大まかな判断・傾向), 면 / 으면 (안) 되다 (適当な方法, 禁止), ㄹ래요 / 을래요 (意志・意向), ㄴ / 은 지 (時間の経過), 려고 / 으려고 하다 (意図・目的), ㄴ / 은 후에 (時間の前後・順序), 면서 / 으면서 (動作・状態の同時進行)
아 / 어型	해요体, 아서 / 어서 (動作の先行・理由), 아 / 어 주다 (授受), 아 / 어 있다 (完了の継続), 아 / 어 보다 (試み・経験), 아도 / 어도 (仮定・譲歩), 아도 / 어도 되다 (許可), 아야 / 어야 하다 / 되다 (義務・必要), 아지다 / 어지다 (状態の変化), 아 / 어 보이다 (推量・判断), 아 / 어 버리다 (完了・実現)

●ㄹ語幹用言

I. 子音語幹ではなく母音語幹として扱います。

例 ・仮定・条件 (면 / 으면)　　　만들＋면　　　 만들면 (作ったら)
　 ・移動の目的 (러 / 으러 가다)　만들＋러 가다　만들러 가다
(作りに行く)※

2. また，後ろに∟, ㄹ, ㅂ, ㅅで始まる語尾が続くと，ㄹ語幹用言のㄹが脱落します。

例【∟】現在連体形（動詞語幹＋는）만들＋는 ➡ 만드는

　　【ㄹ】意志・約束（ㄹ게요／을게요）만들＋ㄹ게요 ➡ 만들게요

　　【ㅂ】합니다体（ㅂ니다／습니다）만들＋ㅂ니다 ➡ 만듭니다

　　【ㅅ】尊敬形（세요／으세요）만들＋세요 ➡ 만드세요

※ただし，러／으러（～しに）や려고／으려고 하다（～しようと）のように，初声ㄹと接続する場合は，ㄹは脱落しません。

	意味	語幹型 네요	으型 면／으면	아／어型 해요体
알다	分かる，知る	아네요	알면	알아요
살다	住む，生きる	사네요	살면	살아요
멀다	遠い	머네요	멀면	멀어요

●ㅂ変則用言

1. 으型語尾が続く場合 ➡ ㅂ＋으が우に変わります。

例・仮定・条件　：어렵다（難しい）➡ 어렵＋으면 ➡ 어려우면

　　・連体形∟／은：맵다（辛い）➡ 맵＋은 음식 ➡ 매운 음식

2. 아／어型語尾が続く場合 ➡ ㅂ＋아／어が워に変わります。

例・理由・原因：어렵다（難しい）➡ 어렵＋어서 ➡ 어려워서

　　・해요体　　：맵다（辛い）➡ 맵＋어요 ➡ 매워요

ただし，돕다（手伝う）と곱다（きれいだ）は，도와서／고와서，도와요／고와요となります。

※多くの形容詞がㅂ変則用言に従うのに対し，動詞は正則活用に従います。

	意味	語幹型 지만	으型 면/으면	아/어型 해요体
춥다	寒い	춥지만	추우면	추워요
귀엽다	可愛い	귀엽지만	귀여우면	귀여워요
돕다	手伝う，助ける	돕지만	도우면	도와요

●ㄷ変則用言

┃. 으型語尾が続く場合 ➡ ㄷが ㄹ に変わります。

例 ・仮定・条件　：듣다 (聞く) ➡ 듣＋으면 ➡ 들으면
　　・連体形ㄴ / 은：듣다 (聞く) ➡ 듣＋은 음악 ➡ 들은 음악

2. 아/어型語尾が続く場合 ➡ ㄷが ㄹ に変わります。

例 ・理由・原因：걷다 (歩く) ➡ 걷＋어서 ➡ 걸어서
　　・解요体　　：걷다 (歩く) ➡ 걷＋어요 ➡ 걸어요

	意味	語幹型 지만	으型 면/으면	아/어型 해요体
듣다	聞く	듣지만	들으면	들어요
걷다	歩く	걷지만	걸으면	걸어요
묻다	尋ねる	묻지만	물으면	물어요

●ㅅ変則用言

┃. 으型語尾が続く場合 ➡ ㅅが脱落します。

例 ・仮定・条件　：낫다 (治る) ➡ 낫＋으면 ➡ 나으면
　　・連体形ㄴ / 은：낫다 (治る) ➡ 낫＋은 병 ➡ 나은 병

2. **아/어型**語尾が続く場合 ➡ 人が脱落します。

| 例 | ・**理由・原因**：짓다 (作る／炊く) ➡ 짓＋어서 ➡ 지어서 |
| | ・**해요体** ：짓다 (作る／炊く) ➡ 짓＋어요 ➡ 지어요 |

	意味	語幹型 지만	으型 면/으면	아/어型 해요体
잇다	繋ぐ	잇지만	이으면	이어요
젓다	かき混ぜる	젓지만	저으면	저어요
긋다	引く（線）	긋지만	그으면	그어요

●**ㅎ変則用言**

1. 으型語尾が続く場合 ➡ ㅎと으が脱落します。

| 例 | ・**仮定・条件** ：그렇다 (そうだ) ➡ 그렇＋으면 ➡ 그러면 |
| | ・**連体形ㄴ／은**：그렇다 (そうだ) ➡ 그렇＋은 사람 ➡ 그런 사람 |

2. **아/어型**語尾が続く場合 ➡ ㅎが脱落し，아/어がㅐに変わります。**하얗다**の
   み，母音がㅐとなります。

| 例 | ・**理由・原因**：파랗다 (青い) ➡ 파랗＋아서 ➡ 파래서 |
| | ・**해요体** ：파랗다 (青い) ➡ 파랗＋아요 ➡ 파래요 |

※形容詞の좋다 (いい) と動詞の場合は，正則活用に従います。

	意味	語幹型 지만	으型 면/으면	아/어型 해요体
이렇다	こうだ	이렇지만	이러면	이래요
그렇다	そうだ	그렇지만	그러면	그래요
하얗다	白い	하얗지만	하야면	하얘요

●으変則用言

語幹末母音が—で終わる用言は，**아/어**型語尾が続くと活用が変わります。—の前の母音が陽母音の場合は，—を ㅏに，陰母音の場合は，—を ㅓに置き換えます。

例
- **아프다**（痛い）　아프【陽母音】＋ 아요 ➡ 아파요（痛いです）
- **기쁘다**（嬉しい）　기쁘【陰母音】＋ 어요 ➡ 기뻐요（嬉しいです）
- **쓰다**（書く／使う）　쓰　【陰母音】＋ 어요 ➡ 써요（書きます／使います）

	意味	語幹型 지만	으型 면／으면	아/어型 해요体
크다	大きい	크지만	크면	커요
바쁘다	忙しい	바쁘지만	바쁘면	바빠요
슬프다	悲しい	슬프지만	슬프면	슬퍼요

●르変則用言

르変則用言は，**아/어**型語尾が続くと，르の前の母音が陽母音（ㅏ・ㅗ）の場合では，르が ㄹ라となり，陰母音（ㅏ・ㅗ以外）の場合では，르が ㄹ러となります。ただし，**따르다**（従う），**치르다**（支払う），**들르다**（立ち寄る）は，例外として，으変則用言に従います。

例
- **빠르다**（早い）➡ 빠르【陽母音】　빠＋ㄹ라 ➡ 빨라요（早いです）
- **부르다**（呼ぶ）➡ 부르【陰母音】　부＋ㄹ러 ➡ 불러요（呼びます）

	意味	語幹型 지만	으型 면／으면	아/어型 해요体
모르다	分からない	모르지만	모르면	몰라요
흐르다	流れる	흐르지만	흐르면	흘러요
오르다	上がる	오르지만	오르면	올라요

●러変則用言

語幹末が르で終わる用言のうち，**이르다**（至る），**푸르다**（青い），**누르다**（黄色い）は，러変則用言の活用に従います。

아/어型語尾が続くと，いずれも러が加わります。

例 ・ 이르다（至る）➡ 이르＋러＋어요 ➡ 이르러요（至ります）

　 ・ 푸르다（青い）➡ 푸르＋러＋어요 ➡ 푸르러요（青いです）

	意味	語幹型 지만	으型 면/으면	아/어型 해요体
이르다	至る	이르지만	이르면	이르러요
푸르다	青い	푸르지만	푸르면	푸르러요
누르다	黄色い	누르지만	누르면	누르러요

	語幹型	으型	아/어型
ㄹ語幹	母音語幹として扱う		正則
으変則	—	—	陽母音：ㅡ ➡ ㅏ
			陰母音：ㅡ ➡ ㅓ
ㅂ変則	—	ㅂ+으 ➡ ㅜ	ㅂ+아 / 어 ➡ ㅝ
ㄹ変則	—	—	陽母音：ㄹ+라
			陰母音：ㄹ+러
ㅅ変則	—	ㅅ脱落	
ㄷ変則	—	ㄷ ➡ ㄹ	
ㅎ変則	—	ㅎ+으 ➡ 脱落	ㅎ+아 / 어 ➡ ㅐ
러変則	—		러追加

ㄹ語幹	알다 열다 울다 팔다 놀다 걸다 길다 달다 들다 멀다 불다 살다 만들다 など
으変則	쓰다 크다 뜨다 끄다 아프다 바쁘다 모으다 나쁘다 고프다 기쁘다 바쁘다 예쁘다 슬프다 들르다 치르다 따르다
ㅂ変則	춥다 덥다 가깝다 귀엽다 무겁다 가볍다 맵다 싱겁다 쉽다 어렵다 반갑다 고맙다 아름답다 뜨겁다 차갑다 굽다 눕다 시끄럽다 밉다 돕다 (아 / 어型活用に注意)
正則	뽑다 잡다 씹다 업다 접다 입다 좁다
르変則	모르다 부르다 오르다 고르다 지르다 누르다 흐르다 기르다 자르다 마르다 가르다 찌르다 나르다 다르다 빠르다 바르다 서두르다 서투르다 게으르다 머무르다
ㅅ変則	젓다 짓다 잇다 낫다 붓다 긋다
正則	벗다 빗다 솟다 웃다 씻다
ㄷ変則	걷다 듣다 알아듣다 묻다 (尋ねる) 깨닫다 싣다 일컫다
正則	닫다 뜯다 묻다 (埋める) 믿다 받다 얻다
ㅎ変則	이렇다 그렇다 저렇다 어떻다 빨갛다 하얗다 까맣다 노랗다 파랗다 동그랗다
正則	놓다 빻다 쌓다 좋다 낳다 넣다
러変則	누르다 푸르다 이르다

現代韓国語の敬語は，主体敬語（尊敬語），客体敬語（謙譲語），対者敬語（丁寧語）に分類されます。

・主体敬語：話し手が文章に現れる行為や存在，状態などの主体を高めます。
尊敬補助語幹시/으시を付けて表します（文法6）。
・客体敬語：述語の客体，すなわち文章の目的語や副詞語が指示する対象を高めます。
드리다（差し上げる），모시다（お連れする），여쭙다（お伺いする），뵙다（お目にかかる）などの語彙レベルに留まります。
・対者敬語：話し手が聞き手を高めたり低めたりします。
聞き手をどの程度高めるかは，話し手と聞き手における社会的要因や心理的要因などによりますが，最近の若者は，합니다体・해요体と해라体・해体の2段体系の使用が一般的だと報告されています。

	格式体	非格式体
尊敬形	합니다体	해요体
	하오体	
非尊敬形	하게体	해体（반말）
	해라体（한다体）	

1 해라体（한다体）

通常，文章を書く際の書き言葉として使われると共に，目下の人，親しい人に対する話し言葉としても使われます。

● 叙述「〜する，〜である」

動詞語幹＋ㄴ다/는다
形容詞・存在詞・指定詞語幹＋다

주말은 항상 도서관에서 공부한다.　週末はいつも図書館で勉強する。

시간이 있을 때는 주로 책을 읽는다.　時間があるときは，主に本を読む。

선생님은 매우 키가 크다.　先生はとても背が高い。

내일은 학교에 있겠다.　明日は学校にいる。

그 때는 아직 학생이었다.　その時はまだ学生であった。

● 疑問「〜か」

動詞・存在詞語幹＋는가?
形容詞・指定詞語幹＋ㄴ가/은가?

왜 똑같은 문제가 반복되는가?　どうして同じ問題が繰り返されるのか。

모든 사람이 어디로 갔는가?　すべての人はどこへ行ったのか。

이 문제의 해답은 어디에 있는가?　この問題の回答はどこにあるのか。

일본의 교통비는 왜 비싼가?　日本の交通費はなぜ高いのか。

과연 그는 대학생인가?　果たして彼は大学生なのか。

● 疑問（話し言葉）「〜か・の?」

用言語幹＋니?

오후에 뭐 하니?　午後，何をするの?

어제 왜 안 왔니?　昨日，どうして来なかったの?

어디에 있니?　どこにいるの?

그렇게 바쁘니?　そんなに忙しいの?

動詞・存在詞語幹＋느냐?
形容詞・指定詞語幹＋냐/으냐?

※実際には,「用言＋냐?」をよく使用します。「用言語幹＋니?」に置き換えることもでき,「用言語幹＋니?」のほうが優しい印象を与えます。

누구를 만나느냐 / 만나냐?　誰に会うの?
어디에 있느냐 / 있냐?　どこにあるの?
어떻게 하면 좋으냐 / 좋냐?　どうすればいいの?
친구도 대학생이냐?　友達も大学生なの?

●命令「～しろ」

動詞語幹＋아라/어라

아침 일찍 일어나라.　朝早く起きろ。
놀지 말고 좀 책 읽어라.　遊ばないで,少し本を読め。

●勧誘「～しよう」

動詞語幹＋자

영화라도 보러 가자.　映画でも見に行こう。
둘이서 같이 만들자.　二人で一緒に作ろう。

●感嘆「～するなあ,～だなあ」

動詞語幹＋는구나 (는군)
形容詞・存在詞・指定詞語幹＋구나 (군)

매일 청소하는구나 (청소하는군).　毎日掃除してるなあ。

여기는 오늘도 바쁘구나 (바쁜군). ここは今日も忙しいなあ。

2 해체 (반말)

話し言葉として，目下の人，親しい人に対して使われます。

動詞・形容詞・存在詞語幹＋아/어

지금 어디 있어? 빨리 와. 今，どこにいるの。早く来いよ。

지금 뭐 해? 今何してるの。

영화 봐. 映画見てるよ。

그래, 같이 봐. そう，一緒に見よう。

오늘도 바빠? 今日も忙しいの?

指定詞語幹＋야/이야

이 아이가 내 동생인 유타야. この子が私の弟の雄太だよ。

남동생도 대학생이야? 弟も大学生?

아니, 대학생이 아니야. いや，大学生じゃない。

基本練習

먹다	먹습니다	먹습니까?
가다	갑니다	갑니까?
살다	삽니다	삽니까?
보다	봅니다	봅니까?
읽다	읽습니다	읽습니까?
자다	잡니다	잡니까?
마시다	마십니다	마십니까?
좋다	좋습니다	좋습니까?
예쁘다	예쁩니다	예쁩니까?
길다	깁니다	깁니까?
비싸다	비쌉니다	비쌉니까?
맛없다	맛없습니다	맛없습니까?
재미있다	재미있습니다	재미있습니까?
없다	없습니다	없습니까?
있다	있습니다	있습니까?
주부이다	주부입니다	주부입니까?
학생이다	학생입니다	학생입니까?

応用練習

Ⅰ　**1.** A: 내일 시간이 있습니까?

　　　B: 아니요, 내일은 시간이 없습니다.

　　2. A: 친구에게 (한테) / 친구가 언제 메일을 보냅니까?

　　　B: 오후에 메일을 보냅니다.

　　3. A: 집에서 학교까지 어떻게 갑니까?

　　　B: 학교까지 전철로 갑니다.

Ⅱ　**1.** 남자친구에게 / 남자친구한테 선물을 줍니다.

2. 마리 씨와/마리 씨하고 미카 씨는 가수입니까?

3. 어디에서 친구를 만납니까?

4. 집에서 회사까지 멉니까?

5. 한국 음악을 자주 듣습니다.

> **文法 2** ▶ 名詞+라고 / 이라고 합니다

基本練習

1. 다자키 미오라고 합니다.

2. 김호준이라고 합니다.

3. 사진이라고 합니다.

4. 의자라고 합니다.

応用練習

Ⅰ **1.** A: 고양이 이름은 뭐라고 합니까?

   B: 고양이 이름은 다마라고 합니다.

2. A: 저것은 무엇이라고 합니까?

   B: 저것은 시계라고 합니다.

3. A: 고이누는 한국어로 뭐라고 합니까?

   B: 강아지라고 합니다.

Ⅱ **1.** A: 저 사람 이름은 무엇이라고 합니까?

   B: 저 사람 이름은 스즈키 가오리라고 합니다.

2. A: 이것은 일본어로 무엇이라고 합니까?

   B: 그것은 린고라고 합니다.

3. A: 한국에서도 광고를 CM 이라고 합니까?

   B: 아니요, 한국에서는 CF 라고 합니다.

文法 3 ▶ 否定形

基本練習

먹다	먹지 않습니다	안 먹습니다
다니다	다니지 않습니다	안 다닙니다
살다	살지 않습니다	안 삽니다
보다	보지 않습니다	안 봅니다
읽다	읽지 않습니다	안 읽습니다
시끄럽다	시끄럽지 않습니다	안 시끄럽습니다
복잡하다	복잡하지 않습니다	안 복잡합니다
예쁘다	예쁘지 않습니다	안 예쁩니다
길다	길지 않습니다	안 깁니다
공부하다	공부하지 않습니다	공부 안 합니다
전화하다	전화하지 않습니다	전화 안 합니다
교사	교사가 아닙니다	
가수	가수가 아닙니다	
학생	학생이 아닙니다	

応用練習

I **1.** A: 매일 한국 음식을 먹습니까?

　　B: 아뇨, 매일 한국 음식을 안 먹습니다. 가끔 먹습니다.

2. A: 보통 헬스장에서 운동합니까?

　　B: 아뇨, 헬스장에서 운동 안 합니다. 공원에서 합니다.

3. A: 마크 씨는 미국 사람입니까?

　　B: 아니요, 마크 씨는 미국 사람이 아닙니다. 독일 사람입니다.

II **1.** 토마토는 과일이 아닙니다. 야채입니다.

2. 여기에는 선생님은 없습니다. 학생밖에 없습니다.

3. 왜 오늘은 청소 안 합니까? / 청소하지 않습니까?

4. 우리 가족은 김치를 좋아하지 않습니다. / 안 좋아합니다.

5. 조금 춥지 않습니까? / 안 춥습니까?

基本練習

살다	살아요.	살아요?
좋다	좋아요.	좋아요?
읽다	읽어요.	읽어요?
자다	자요.	자요?
건너다	건너요.	건너요?
펴다	펴요.	펴요?
맑다	맑아요.	맑아요?
보다	봐요.	봐요?
내다	내요.	내요?
외우다	외워요.	외워요?
흐리다	흐려요.	흐려요?
건네다	건네요.	건네요?
시작되다	시작돼요.	시작돼요?
공부하다	공부해요.	공부해요?
편리하다	편리해요.	편리해요?
가수	가수예요.	가수예요?
일본 사람	일본 사람이에요.	일본 사람이에요?

応用練習

I　**1.** A: 무슨 스포츠를 좋아해요?

　　　B: 축구를 좋아해요.

　　2. A: 집에서 대학교까지 몇 시간 걸려요?

　　　B: 지하철로 한 시간 걸려요.

　　3. A: 다나카 씨 직업이 공무원이에요?

　　　B: 아뇨, 공무원이 아니에요. 변호사예요.

　　4. A: 생일 선물로 뭐를 줘요?

　　　B: 손수건과/손수건하고 귀걸이를 줘요.

　　5. A: 사과는 얼마에 팔아요?

B: 3개 2000원에 팔아요.

1. 회사까지 택시로 얼마 나와요 / 들어요?

2. 스포츠 중에서 뭐가 제일 인기예요?

3. 사토 씨는 일본어 선생님이 아니에요.

4. 이번 휴가는 유럽에 여행을 가요.

5. 오늘 점심은 중국 음식으로 해요.

6. 내년 4월에 회사원이 돼요.

文法 5 ▶ 過去形

基本練習

먹다	먹었습니다	먹었어요
가다	갔습니다	갔어요
살다	살았습니다	살았어요
보다	봤습니다	봤어요
건너다	건넜습니다	건넜어요
펴다	폈습니다	폈어요
읽다	읽었습니다	읽었어요
맑다	맑았습니다	맑았어요
외우다	외웠습니다	외웠어요
흐리다	흐렸습니다	흐렸어요
건네다	건넸습니다	건넸어요
시작되다	시작됐습니다	시작됐어요
공부하다	공부했습니다	공부했어요
편리하다	편리했습니다	편리했어요
배우	배우였습니다	배우였어요
회사원	회사원이었습니다	회사원이었어요

応用練習

Ⅰ **1.** A: 옛날에 여기에 뭐가 있었어요?

B: 몇 년 전까지 / 몇 년 전에 병원이 있었어요.

2. A: 어제 회의에 참석했어요?

B: 저는 참석하지 않았어요.

3. A: 초등학생 때 꿈이 뭐였어요?

B: 제 꿈은 모델이었어요.

4. A: 누가 학생회장이 됐어요?

B: 미카가 학생회장이 됐어요.

5. A: 어제 얼마나 기다렸어요?

B: 역에서 30분(이나) 기다렸어요.

6. A: 졸업 선물로 뭐 받았어요?

B: 부모님에게서 노트북을 받았어요.

Ⅱ **1.** 서울의 옛날 이름은 뭐라고 했어요? / 했습니까?

2. 고등학교 3학년 때는 매일 도서관에 다녔어요. / 다녔습니다.

3. 이전 / 예전에는 비닐봉투가 유료가 아니었어요. / 아니었습니다.

4. 우리 딸은 작년까지 초등학생이었어요. / 초등학생이었습니다.

5. 교실에 한 명밖에 없었어요. / 없었습니다.

6. 여기까지 자전거로 1시간도 안 걸렸어요. / 안 걸렸습니다. / 걸리지 않았어요. / 걸리지 않았습니다.

文法 6 ▶ 尊敬語①

基本練習

오다	오시다 오셨다	오십니다 오셨습니다	오세요 오셨어요
모르다	모르시다 모르셨다	모르십니다 모르셨습니다	모르세요 모르셨어요
주다	주시다 주셨다	주십니다 주셨습니다	주세요 주셨어요
받다	받으시다 받으셨다	받으십니다 받으셨습니다	받으세요 받으셨어요

기다리다	기다리시다 기다리셨다	기다리십니다 기다리셨습니다	기다리세요 기다리셨어요
찾다	찾으시다 찾으셨다	찾으십니다 찾으셨습니다	찾으세요 찾으셨어요
힘들다	힘드시다 힘드셨다	힘드십니다 힘드셨습니다	힘드세요 힘드셨어요
맛있다	맛있으시다 맛있으셨다	맛있으십니다 맛있으셨습니디	맛있으세요 맛있으셨어요
재미없다	재미없으시다 재미없으셨다	재미없으십니다 재미없으셨습니다	재미없으세요 재미없으셨어요
멀다	머시다 머셨다	머십니다 머셨습니다	머세요 머셨어요
회사원	회사원이시다 회사원이셨다	회사원이십니다 회사원이셨습니다	회사원이세요 회사원이셨어요
의사	의사 (이) 시다 의사 (이) 셨다	의사 (이) 십니다 의사 (이) 셨습니다	의사 (이) 세요 의사 (이) 셨어요

応用練習

I **1.** A: 민아 씨는 대학생이세요?

　　 B: 아뇨. 대학생이 아니에요.

2. A: 집에서 학교까지 머세요?

　　 B: 아뇨, 멀지 않아요. 전철로 십 분 걸려요.

3. A: 일본 노래를 좋아하세요?

　　 B: 아뇨, 좋아하지 않아요. 케이팝을 좋아해요.

4. A: 작년에 한국에 가셨어요?

　　 B: 아뇨, 안 갔어요.

5. A: 요즘 어디에서 무엇을 배우세요?

　　 B: 요즘 아무것도 배우지 않아요.

6. A: 아까 저한테 전화하셨어요?

　　 B: 아뇨, 전화하지 않았어요.

Ⅱ **1.** 어제는 어디에서 미라 씨를 만나셨어요?

2. 누구세요?

3. 아버지는 여행을 안 가셨어요? / 가지 않으셨어요?

4. 내일도 시간 없으세요?

5. 과일집 / 가게 사장님이 사과 다섯 개를 천 원에 파셨어요.

6. 스도 선생님도 그 이야기를 아세요?

文法 7 ▶ **尊敬語②**

応用練習

Ⅰ **1.** A: 일본어 선생님께서는 한국 분이세요?

B: 아뇨, 일본 분이세요.

2. A: 사장님께서는 지금 여기 계세요?

B: 아뇨, 안 계세요. 외출하셨어요.

3. A: 어머니께서는 어제 뭐 하셨어요?

B: 할아버지 댁에 가셨어요.

4. A: 아버지께서 경찰이세요?

B: 재작년까지 경찰이셨어요. 지금은 요리사세요.

5. A: 미쿠 씨는 한국 친구가 있으세요?

B: 아뇨, 없어요.

6. A: 할머니께 생신 선물로 무엇을 드렸어요?

B: 아무것도 안 드렸어요.

Ⅱ **1.** 여기에서 선생님 댁까지 얼마나 걸리세요?

2. 어제 회의에서 사장님께서 뭐라고 말씀하셨어요?

3. 할아버지께서는 병원에서 돌아가셨어요?

4. 제가 선생님께 말씀드렸어요.

5. 여기에서 삼 번 전철을 타세요.

6. 손님, 여기에서 기다리세요.

+α 名詞+가/이 어떻게 되십니까? / 되세요?

전화번호가 어떻게 되십니까? / 되세요?

고향이 어떻게 되십니까? / 되세요?

연세가 어떻게 되십니까? / 되세요?

형제가 어떻게 되십니까? / 되세요?

文法 8 ▶ 用言語幹+지만

基本練習

보다	보지만	봤지만	보시지만	보셨지만
받다	받지만	받았지만	받으시지만	받으셨지만
쉬다	쉬지만	쉬었지만	쉬시지만	쉬셨지만
살다	살지만	살았지만	사시지만	사셨지만
일하다	일하지만	일했지만	일하시지만	일하셨지만
공무원	공무원이지만	공무원이었지만	공무원이시지만	공무원이셨지만
주부	주부(이)지만	주부였지만	주부(이)시지만	주부(이)셨지만

応用練習

Ⅰ **1.** A: 새집 마음에 드세요?

　　B: 거실은 넓지만 방은 좁아요.

　2. A: 김치를 자주 드세요?

　　B: 어머니는 자주 드시지만 저는 안 먹어요.

　3. A: 상호 씨한테 연락이 왔어요?

　　B: 아뇨, 메일을 보냈지만 답장이 없어요.

Ⅱ **1.** 한국어는 어렵지만 재미있어요.

　2. 올해 3월까지 대학생이었지만 올해 4월부터 회사원이 됐어요.

　3. 선생님은 가셨지만 저는 안 갔어요.

基本練習

보다	보고	봤고	보시고	보셨고
읽다	읽고	읽었고	읽으시고	읽으셨고
자다	자고	잤고	주무시고	주무셨고
있다	있고	있었고	있으시고 계시고	있으셨고 계셨고
복잡하다	복잡하고	복잡했고	복잡하시고	복잡하셨고
의사	의사 (이)고	의사였고	의사 (이)시고	의사 (이)셨고
공무원	공무원이고	공무원이었고	공무원이시고	공무원이셨고

応用練習

Ⅰ 1. A: 수진 씨하고 유미 씨 직업이 뭐예요?

   B: 수진 씨는 간호사고 유미 씨는 영화 감독이에요.

2. A: 요즘 부모님은 어떻게 지내세요?

   B: 아버지는 골프를 치시고 어머니는 영어를 배우세요.

3. A: 저녁에 뭐 먹어요?

   B: 저는 짜장면을 먹고 동생은 짬뽕을 먹어요.

Ⅱ 1. 어제는 텔레비전도 안 보고 책도 안 읽고 잤어요.

2. 아사노 씨는 성격도 좋으시고 인기도 있으세요.

3. 아버지는 교수시고 어머니는 작가세요.

基本練習

놀다	놀고 싶다	놀고 싶지 않다
만나다	만나고 싶다	만나고 싶지 않다
받다	받고 싶다	받고 싶지 않다
찍다	찍고 싶다	찍고 싶지 않다

먹다	먹고 싶어하다	먹고 싶어하지 않다
찾다	찾고 싶어하다	찾고 싶어하지 않다
말하다	말하고 싶어하다	말하고 싶어하지 잃다
알다	알고 싶어하다	알고 싶어하지 않다

応用練習

I **1.** A: 여름 방학 때 뭐하고 싶어요?

　　　B: 운전 학원에 다니고 싶지만 시간이 없어요.

　　2. A: 오늘 저녁으로 뭐 만들고 싶어요?

　　　B: 카레를 만들고 싶지만 가족이 싫어해요

　　3. A: 고등학생 때 뭐가 되고 싶었어요?

　　　B: 유튜버가 되고 싶었지만 지금은 컴퓨터 전문가가 되고 싶어요.

II **1.** 친구는 차를 갖고 싶어하지만 저는 집을 갖고 싶어요.

　　2. 할아버지는 어머니밖에 만나고 싶어하지 않으세요.

　　3. 졸업 후 언니는／누나는 유학을 가고 싶어하고 오빠는／형은 취직하고 싶어해요.

文法 11 ▶ 用言語幹＋아서／어서

基本練習

보다	봐서	보셔서
잡다	잡아서	잡으셔서
편리하다	편리해서	편리하셔서
많다	많아서	많으셔서
외우다	외워서	외우셔서
사장님	사장님이어서	사장님이셔서
운동선수	운동선수여서	운동선수 (이) 셔서

I **1.** A: 왜 어제 안 왔어요?

B: 열이 있어서 안 갔어요. / 열이 있어서요.

2. A: 왜 케이크를 만들어요?

B: 오늘 친구 생일이어서. / 친구 생일이어서요.

3. A: 왜 아버지께서 일찍 주무세요?

B: 아침에 일찍 출근하셔서 일찍 주무세요. / 아침에 일찍 출근하셔서
요.

II **1.** 아버지가 한국 사람이고 어머니는 미국 사람이어서 저는 한국어도 영
어도 알아요.

2. 시간이 별로 없지만 보고 싶어서 왔어요.

3. 만 엔씩 걷어서 선물을 사요.

4. 점심은 편의점에서 사서 먹어요.

5. 우선 / 먼저 교실에 들어가서 인사하세요.

6. 항상 영화는 DVD를 빌려서 봐요.

比較してみよう 1

1. 입고 **2.** 가서 **3.** 와서

文法 12 ▶ 動詞語幹 + 아 / 어 주다

基本練習

닫다	닫아 줘요	닫아 주세요	닫아 주시겠어요
켜다	켜 줘요	켜 주세요	켜 주시겠어요
세우다	세워 줘요	세워 주세요	세워 주시겠어요
전하다	전해 줘요	전해 주세요	전해 주시겠어요
치우다	치워 줘요	치워 주세요	치워 주시겠어요
빌리다	빌려 줘요	빌려 주세요	빌려 주시겠어요
들다	들어 줘요	들어 주세요	들어 주시겠어요

I - 1	**1.** 길 좀 가르쳐 주세요. / 주시겠어요?
	2. 우산 좀 빌려 주세요. / 주시겠어요?
	3. 사이즈 좀 바꿔 주세요. / 주시겠어요?

I - 2
1. A: 숙제를 / 숙제는 어떻게 알았어요?
B: 친구가 전화해서 가르쳐 줬어요.
2. A: 그 가방 새로 샀어요?
B: 네, 세일해서 어머니가 사 주셨어요.
3. A: 왜 내 CD 를 친구한테 빌려 줬어요?
B: 친구가 듣고 싶어해서 빌려 줬어요.

II
1. 짐이 많아서 사장님이 / 사장님께서 문을 열어 주셨어요.
2. 그 분께 결혼식 사진을 보여 드렸어요.
3. 한국어로 이야기하고 싶어요. 한국 (인) 친구를 소개해 주세요.
4. 일본어를 못해서 친구가 가르쳐 줬어요.
5. 실례합니다만 / 실례지만 김 선생님 좀 바꿔 주시겠어요?
6. 여기요. 이 테이블 좀 치워 주시겠어요?

文法 13 ▶ 用言語幹 + 면 / 으면

응용練習

보내다	보내면	보내시면	보냈으면
되다	되면	되시면	됐으면
알다	알면	아시면	알았으면
괜찮다	괜찮으면	괜찮으시면	괜찮았으면
적다	적으면	적으시면	적었으면
주부	주부 (이) 면	주부 (이) 시면	주부였으면
부장님	부장님이면	부장님이시면	부장님이었으면

Ⅰ **1.** A: 복권에 당첨되면 뭐 하고 싶어요?

B: 집과 자동차를 사고 여행을 / 여행도 가고 싶어요.

2. A: 감기에 걸리면 어떻게 해요?

B: 약을 먹고 푹 쉬어요.

3. A: 가을이 되면 뭐 하고 싶어요?

B: 책을 많이 읽고 단풍 구경을 / 단풍 구경도 하고 싶어요.

Ⅱ **1.** 다 보시면 / 보셨으면 저에게 알려 주세요.

2. 이 놀이기구는 140cm 이상이면 아이도 괜찮아요.

3. 날씨가 좋으면 산책을 하고 비가 오면 집에 있어요.

文法 14 ▶ 用言語幹＋ㄹ까요 / 을까요?

基本練習

앉다	앉을까요?	앉으실까요?	앉았을까요?
넣다	넣을까요?	넣으실까요?	넣었을까요?
기다리다	기다릴까요?	기다리실까요?	기다렸을까요?
괜찮다	괜찮을까요?	괜찮으실까요?	괜찮았을까요
멀다	멀까요?	머실까요?	멀었을까요?
선배	선배일까요?	선배 (이)실까요?	선배였을까요?
공무원	공무원일까요?	공무원이실까요?	공무원이었을까요?

応用練習

Ⅰ **1.** A: 시간이 있으면 차 한잔할까요?

B: 죄송하지만 곧 회의가 시작돼요.

2. A: 갖고 싶으면 내가 사 줄까요?

B: 마음은 고맙지만 괜찮아요.

3. A: 택시를 타면 여기에서 공항까지 얼마나 걸려요?

B: 금방 도착하지만 퇴근 시간은 / 퇴근 시간에는 길이 막혀요.

1. 한 시간 전에 출발했으면 벌써 도착했을까요?

2. 필요하면 제가 주문해 드릴까요?

3. 좀 멀지만 괜찮으시면 같이 콘서트에 갈까요?

文法 15 ▶ 用言語幹+지요 (죠)

基本練習

내리다	내리죠	내리시죠	내렸죠
알다	알죠	아시죠	아셨죠
배우다	배우죠	배우시죠	배우셨죠
넓다	넓죠	넓으시죠	넓으셨죠
한가하다	한가하죠	한가하시죠	한가하셨죠
기자	기자죠	기자시죠	기자셨죠
경찰	경찰이죠	경찰이시죠	경찰이셨죠

応用練習

Ⅰ **1.** A: 많이 바쁘시죠? 그 일 제가 해 드릴까요?

B: 네, 미안하지만 해 주세요

2. A: 어제 그 책 재미있으셨죠? 이 책도 빌려 드릴까요?

B: 네, 죄송하지만 빌려 주세요.

3. A: 일본 분이시죠? 제가 통역해 드릴까요?

B: 네, 수고스럽지만 통역해 주세요.

Ⅱ **1.** A: 괜찮으시면 이따가 저녁 같이 하죠.

B: 미안해요. 오늘은 선약이 있어서요.

2. A: 요즘에도 한국 드라마를 자주 봐요?

B: 물론 보죠. 하지만 예전보다는 안 봐요.

3. A: 이거 하나에 얼마죠?

B: 하나에 칠백 엔이에요. 두 개 사면 할인해 드리죠.

文法 16 ▶ 動詞語幹+ㅂ시다/읍시다

基本練習

돈을 모으다	돈을 모읍시다
물을 아끼다	물을 아낍시다
담배를 끊다	담배를 끊읍시다
교통 규칙을 지키다	교통 규칙을 지킵시다
시험을 보다 .	시험을 봅시다
면접을 시작하다	면접을 시작합시다

応用練習

Ⅰ **1.** A: 이 옷 안 입으면 인터넷에 올려서 팔까요?

　 B: 네, 이 옷하고 신발도 팝시다.

2. A: 시간이 있으면 도시락을 준비해서 갈까요?

　 B: 네, 도시락하고 음료수도 준비합시다.

3. A: 한국에 가면 한강에 가서 치맥할까요?

　 B: 네, 치맥하고 짜장면도 시킵시다.

Ⅱ **1.** 전철이나 버스에서는 웃어른께/웃어른에게 자리를 양보합시다.

2. 결과는 별로 안 좋지만 응원해 줍시다.

3. 여기는 사람이 너무 많죠? 약속 장소를 바꿉시다.

　※日本語の「～すぎる」は，韓国語で「너무+用言」と訳す。

文法 17 ▶ 用言語幹+겠

基本練習

가다	가겠어요	갔겠어요	가시겠어요
입다	입겠어요	입었겠어요	입으시겠어요
만들다	만들겠어요	만들었겠어요	만드시겠어요
출발하다	출발하겠어요	출발했겠어요	출발하시겠어요

힘들다	힘들겠어요	힘들었겠어요	힘드시겠어요
좋다	좋겠어요	좋았겠어요	좋으시겠어요
괜찮다	괜찮겠어요	괜찮았겠어요	괜찮으시겠어요

I **1.** A: 내일 누가 가게 문을 여시겠어요?

　　 B: 제가 일찍 와서 열겠습니다.

　 2. A: 자료는 누가 작성하시겠어요?

　　 B: 제가 조사해서 만들겠습니다.

　 3. A: 예약을 어떻게 하시겠어요?

　　 B: 인터넷으로 찾아서 제가 하겠습니다.

II **1.** 지금 5시면 시험은 이제 / 벌써 / 이미 끝났겠어요.

　 2. 죄송하지만 내일 오전 중에 / 중으로 메일해 주시겠어요?

　 3. 내일은 면접이어서 바쁘시겠죠?

　 4. 처음 뵙겠습니다. 앞으로 잘 부탁드리겠습니다.

　 5. 내일 오전에는 비가 오고 오후에는 흐리겠어요.

　 6. A: 딸이 무사히 취직했어요. B: 그래요. 기쁘겠어요.

文法 18 ▸ 動詞語幹＋러/으러

사다	사러 가요	사시러 가요
받다	받으러 가요	받으시러 가세요
만나다	만나러 가요	만나시러 가세요
만들다	만들러 가요	만드시러 가세요
보내다	보내러 가요	보내시러 가세요
찍다	찍으러 가요	찍으시러 가세요
제출하다	제출하러 가요	제출하시러 가세요

I
1. A: 왜 학원에 다녀요?

　　B: 한국어를 배우러 다녀요. 함께 배우시겠어요?

2. A: 왜 이천에 가요?

　　B: 도자기를 만들러 가요. 같이 만드시겠어요?

3. A: 왜 밖에 나가요?

　　B: 바람을 쐬러 가요. 함께 나가시겠어요?

II
1. 시간이 있으시면 축하하러 와 주세요.

2. 손님이 오셔서 마중하러 나갔어요.

3. 이번에는 여행이었지만 다음에는 유학생으로서 공부하러 오고 싶어요.

文法 19 ▸ 動詞語幹+고 있다

基本練習

책을 읽다	책을 읽고 있어요	책을 읽고 계세요
영화를 보다	영화를 보고 있어요	영화를 보고 계세요
차를 마시다	차를 마시고 있어요	차를 마시고 계세요
그 사람을 믿다	그 사람을 믿고 있어요	그 사람을 믿고 계세요
사실을 알다	사실을 알고 있어요	사실을 알고 계세요
요즘 운동하다	요즘 운동하고 있어요	요즘 운동하고 계세요
매일 영어를 듣다	매일 영어를 듣고 있어요	매일 영어를 듣고 계세요

応用練習

I
1. A: 어머님이 어디에 가세요?

　　B: 편찮으셔서 병원에 가고 계세요.

2. A: 지금 어디에 계세요?

　　B: 돈이 필요해서 은행에서 돈을 찾고 있어요.

3. A: 야식은 / 야식으로 뭐 만드세요?

　　B: 매운 음식을 좋아해서 떡볶이를 만들고 있어요.

1. 한국어는 어렵지만 3년이나 계속 배우고 있어요.

2. 매일 노래 연습을 하고 계시면 잘하시겠어요.

3. 부모님도 건강하게 지내고 계시죠?

文法 20 　▶ 動詞語幹＋아/어 있다

基本練習

문이 열리다	문이 열려 있어요	문이 열려 있지 않아요
불이 꺼지다	불이 꺼져 있어요	불이 꺼져 있지 않아요
책이 놓이다	책이 놓여 있어요	책이 놓여 있지 않아요
시계가 걸리다	시계가 걸려 있어요	시계가 걸려 있지 않아요
사람이 모이다	사람이 모여 있어요	사람이 모여 있지 않아요
밥이 남다	밥이 남아 있어요	밥이 남아 있지 않아요

応用練習

Ⅰ **1.** A: 오늘 하루 종일 줄 서 있어서 피곤했어요.

B: 아이고, 힘들겠어요.

2. A: 합격자 명단에 제 이름이 쓰여 있어서 좋았어요.

B: 우와! 좋겠어요.

3. A: 사람들이 많이 모여 있어서 길이 막혔어요.

B: 피곤하시겠어요.

Ⅱ **1.** 혹시 도서관에 지갑이 떨어져 있으면 연락해 주시겠어요?

2. 예약 시간보다 일찍 도착했는데, 가게가 안 열려 있었어요 / 열려 있지 않았어요.

3. 할아버지는 조금 전까지 거기에 앉아 계셨어요.

Ⅰ **1.** 도착 안 했어요.

　2. 끝나지 않았어요.

　3. 안 했어요.

　4. 결혼했어요.

　5. 돌아가셨어요.

　6. 닮았어요.

Ⅱ **1.** 부장님은 한국대학교를 졸업하셨죠?

　2. 자막 없이 한국 드라마를 보고 싶지만 아직 멀었어요.

　3. 아직 점심을 안 드셨으면 같이 먹어요.

　4. 아들은 취직했지만 딸은 아직 취직 안 했어요.

　5. 그 작가는 10년 전에 돌아가셨지만 지금도 인기가 있어요.

　6. 그 배우는 키가 크고 얼굴도 잘생겼어요.

文法 22　▶ 動詞語幹+ㄹ/을 수 있다/없다, 못+動詞, 動詞語幹+지 못하다

基本練習

먹다	먹을 수 있어요 먹을 수 없어요	못 먹어요 먹지 못해요
면접을 보다	면접을 볼 수 있어요 면접을 볼 수 없어요	면접을 못 봐요 면접을 보지 못해요
바다에서 수영 하다	바다에서 수영할 수 있어요 바다에서 수영할 수 없어요	바다에서 수영 못 해요 바다에서 수영하지 못해요
여기서 팔다	여기서 팔 수 있어요 여기서 팔 수 없어요	여기서 못 팔아요 여기서 팔지 못해요
방을 청소하다	방을 청소할 수 있어요 방을 청소할 수 없어요	방을 청소 못 해요 방을 청소하지 못해요
기모노를 입다	기모노를 입을 수 있어요 기모노를 입을 수 없어요	기모노를 못 입어요 기모노를 입지 못해요

자리에 앉다	자리에 앉을 수 있어요 자리에 앉을 수 없어요	자리에 못 앉아요 자리에 앉지 못해요
단어를 외우다	단어를 외울 수 있어요 단어를 외울 수 없어요	단어를 못 외워요 단어를 외우지 못해요

応用練習

I - 1
1. A: 영어 신문을 읽을 수 있어요?

B: 영어 신문은 못 읽지만 한국어 신문은 읽을 수 있어요.

2. A: 오토바이를 운전할 수 있어요?

B: 오토바이는 운전 못 하지만 차는 운전할 수 있어요.

3. A: 떡볶이를 만들 수 있어요?

B: 떡볶이는 못 만들지만 잡채는 만들 수 있어요.

I - 2
1. A: 주말에 같이 놀 수 있어요?

B: 다음 주가 시험이어서 못 만나요.

2. A: 냉면을 드실 수 있어요?

B: 알레르기가 있어서 못 먹어요.

3. A: 한 시간 후에 출발할 수 있어요?

B: 일이 밀려서 출발 못 해요.

II
1. 그 영화를 보고 싶었지만 못 봤어요.

2. 오실 수 있으시면 오세요.

3. 너무 조용해서 오히려 집중할 수 없어요.

4. 체력에는 자신이 있어서 얼마든지 뛸 수 있어요.

5. 혹시 괜찮으시면 회의를 좀 일찍 시작할 수 있을까요?

6. 딸은 한국어를 할 수 있어서 한국 기업에 취직하고 싶어해요.

文法 23 ▶ 名詞・助詞・副詞等＋요/이요

基本練習

학생	학생이요.	학생이요?
서울	서울이요.	서울이요?
그런데	그런데요.	그런데요?
정말	정말이요.	정말이요?
교실에서	교실에서요.	교실에서요?
친구하고	친구하고요.	친구하고요?
힘들어서	힘들어서요.	힘들어서요?
늦게	늦게요.	늦게요?

応用練習

I 1. A: 작년에 크리스마스 선물을 누구에게서 받았어요?

   B: 학원 선생님에게서요. / 학원 선생님이요.

   2. A: 내일 아침 6시에 출발해요.

   B: 그렇게 빨리요?

   3. A: 어제 왜 밤을 새웠어요?

   B: 오늘 시험이 있어서요.

II 1. A: 더 이상 못 먹어요.

   B: 벌써요? 아직 많이 남았어요.

   2. A: 이 이야기는 모두 아세요?

   B: 아뇨, 다나카 씨만(이)요. 모두에게는 비밀로 해 주세요.

   3. A: 올해 학교 축제에는 연예인이 와요.

   B: 정말(이)요? 누가요?

文法 24 ▶ 用言語幹+네요

좋다	좋네요	좋겠네요	좋았겠네요	좋으시겠네요
배우다	배우네요	배우겠네요	배웠겠네요	배우시겠네요
알다	아네요	알겠네요	알았겠네요	아시겠네요
있다	있네요	있겠네요	있었겠네요	있으시겠네요 / 계시겠네요
괜찮다	괜찮네요	괜찮겠네요	괜찮았겠네요	괜찮으시겠네요?
졸업	졸업이네요	졸업이겠네요	졸업이었겠네요	졸업이시겠네요
가수	가수네요	가수겠네요	가수였겠네요	가수셨겠네요

応用練習

[I] **1.** A: 회의가 아직 안 끝났어요.

　　B: 아직 안 끝났으면 오늘은 야근이겠네요.

2. A: 미카 씨는 미국에서 10년 사셨어요.

　　B: 미국에서 10년 사셨으면 영어를 잘하시겠네요.

3. A: 아버지는 / 아버지께서는 한 시간 전에 출발하셨어요.

　　B: 한 시간 전에 출발하셨으면 벌써 도착하셨겠네요.

[II] **1.** 이게 두 개에 만 오천 원이면 꽤 비싸네요.

2. A: 왜 아무도 안 오죠?

　　B: 아! 모두 저 카페에 줄 서 있네요!

3. A: 아들이 대학을 졸업해서 취직했어요.

　　B: 축하해요. 이제 학생이 아니겠네요.

文法 25 ▶ 動詞語幹+ㄹ게요 / 을게요

基本練習

닫다	닫을게요	닫아 줄게요	닫아 드릴게요
보내다	보낼게요	보내 줄게요	보내 드릴게요

만들다	만들게요	만들어 줄게요	만들어 드릴게요
찾다	찾을게요	찾아 줄게요	찾아 드릴게요
빌리다	빌릴게요	빌려 줄게요	빌려 드릴게요
전화하다	전화할게요	전화해 줄게요	전화해 드릴게요

応用練習

Ⅰ 1. A: 실례하지만 김 사장님 좀 바꿔 주시겠어요?

　　 B: 네 알겠습니다. 바꿔 드릴게요

　 2. A: 미안하지만 소포 좀 받아 주시겠어요?

　　 B: 네, 알겠습니다. 받아 드릴게요.

　 3. A: 죄송하지만 나중에 연락해 주시겠어요?

　　 B: 네, 알겠습니다. 나중에 연락해 드릴게요. / 연락 드릴게요

Ⅱ 1. 혹시 빨리 / 일찍 갈 수 있으면 먼저 가 있을게요.

　 2. 아직 저녁을 안 먹었으면 제가 만들어 줄게요.

　 3. A: 다음 주 선생님 생신 파티에 오세요? / 오실 수 있어요?

　　 B: 선물을 가지고 꼭 참가할게요.

文法 26　▶ 用言語幹+니까 / 으니까

基本練習

사다	사니까	샀으니까	사시니까	사셨으니까
걸리다	걸리니까	걸렸으니까	걸리시니까	걸리셨으니까
알다	아니까	알았으니까	아시니까	아셨으니까
앉다	앉으니까	앉았으니까	앉으시니까	앉으셨으니까
멋있다	멋있으니까	멋있었으니까	멋있으시니까	멋있으셨으니까
좋다	좋으니까	좋았으니까	좋으시니까	좋으셨으니까
의사	의사니까	의사였으니까	의사 (이)시니까	의사셨으니까
경찰	경찰이니까	경찰이었으니까	경찰이시니까	경찰이셨으니까

Ⅰ **1.** A: 민아 씨가 늦으니까 먼저 먹을까요?

   B: 조금 더 기다려요. 민아 씨가 주인공이니까요.

  2. A: 저번에 티켓을 못 샀으니까 빨리 예약할까요?

   B: 이번에는 괜찮아요. 벌써 예약했으니까요.

  3. A: 선생님은 일이 안 끝났으니까 우리 둘이서 갈까요?

   B: 다음에 가요. 선생님이 못 가시니까요.

Ⅱ **1.** 회원이 아니니까 무료가 아니에요.

  2. 건강에 안 좋으니까 담배를 끊으세요.

  3. 내일 시험이니까 도서관에 가서 공부할까요?

  4. 한국에 놀러 가니까 친구 어머니가 요리를 많이 만들어 주셨어요.

  5. 아직 안 끝났으니까 조금 더 기다려 주시겠어요.

  6. 아침에 일어나서 창문을 여니까 눈이 쌓여 있었어요.

文法 27　▶ 動詞語幹＋아/어 보다

基本練習

오다	와 봐요	와 봤어요	와 보세요
읽다	읽어 봐요	읽어 봤어요	읽어 보세요
일하다	일해 봐요	일해 봤어요	일해 보세요
찾다	찾아 봐요	찾아 봤어요	찾아 보세요
마시다	마셔 봐요	마셔 봤어요	마셔 보세요
배우다	배워 봐요	배워 봤어요	배워 보세요

応用練習

Ⅰ **1.** A: 삼계탕 드셔 봤어요?

   B: 아뇨, 아직 못 먹어 봤어요.

   A: 몸에 좋으니까 한번 드셔 보세요.

   B: 네, 먹어 볼게요.

2. A: 케이크를 만들어 봤어요?

   B: 아뇨, 아직 못 만들어 봤어요.

   A: 어렵지 않으니까 한번 만들어 보세요.

   B: 네, 만들어 볼게요.

3. A: 고속도로에서 운전해 봤어요?

   B: 아뇨, 아직 안 해 봤어요.

   A: 기분전환이 되니까 한번 해 보세요.

   B: 네, 해 볼게요.

Ⅱ **1.** 낫토를 먹어 봤지만 입에 안 맞았어요.

   2. 상호 씨를 만나 보니까 친절하고 멋있었어요.

   3. 할아버지께서 입원하셨으니까 전화라도 드려 보세요.

文法 28 ▶ 現在連体形

基本練習

가다	가는 곳	가시는 곳
팔다	파는 물건	파시는 물건
입지 않다	입지 않는 옷	입지 않으시는 옷
있다	있는 사람	계시는 분
모르다	모르는 단어	모르시는 단어
좋아하다	좋아하는 음악	좋아하시는 음악
잘하다	잘하는 외국어	잘하시는 외국어

좋다	좋은 사람	좋으신 분
재미없다	재미없는 사람	재미없으신 분
편하다	편한 옷	편하신 옷
바쁘지 않다	바쁘지 않은 시간	바쁘지 않으신 시간
괜찮다	괜찮은 날	괜찮으신 날
교사가 아니다	교사가 아닌 사람	교사가 아니신 분
가수	가수인 형	가수이신 형

応用練習

Ⅰ **1.** A: 왜 벌써 이사를 해요?

    B: 지금 사는 집이 마음에 안 들어서요.

2. A: 왜 항상 카메라를 들고 다녀요?

    B: 사진을 찍는 것이 제 취미여서요.

3. A: 왜 온라인으로 한국어를 배워요?

    B: 근처에 한국어를 공부할 수 있는 곳이 없어서요.

1. A: 어떤 카페에 자주 가요?

    B: 깨끗하고 조용한 카페에 자주 가요.

2. A: 어떤 음식을 먹고 싶어요?

    B: 맛있고 맵지 않은 음식을 먹고 싶어요.

3. A: 어떤 책을 찾고 있어요?

    B: 재미있고 감동적인 책을 찾고 있어요.

Ⅱ **1.** 비가 오는 날에는 부침개가 먹고 싶네요.

2. 이 술에 맞는 요리를 추천해 주시겠어요?

3. 저쪽에 계시는 분을 아시면 소개해 주세요.

4. 별로/그다지 재미없는 영화지만 왠지 인기가 있네요.

5. 유명한 관광지여서 맛있고 인기가 있는 가게가 많겠네요.

6. 한국 작가인 그 사람의 작품은 일본에서도 유명해요.

文法 29 ▶ 過去連体形

基本練習

만나다	만난 사람	만나신 분
받다	받은 편지	받으신 편지
시작하다	시작한 일	시작하신 일
찾다	찾은 물건	찾으신 물건
팔다	판 옷	파신 옷

부르다	부른 노래	부르신 노래

괜찮다	괜찮던 가게	괜찮으셨던 분
재미있다	재미있던 드라마	재미있으셨던 분
길다	길던 머리	기셨던 머리
주부	주부 (이)던 여성	주부셨던 여성
공무원	공무원이던 사람	공무원이셨던 분

应用練習

I **1.** A: 그 사진 멋있네요. 언제 찍은 거예요?

B: 여름 방학 때 오키나와에서 찍은 거예요.

2. A: 우와, 맛있네요. 누가 만든 거예요?

B: 제가 만든 거예요.

3. A: 이거 벌써 다 하셨네요. 어떻게 하신 거예요?

B: 친구가 해 준 거예요.

1. A: 받은 선물 중에서 좋았던 선물이 뭐예요?

B: 가장 좋았던 선물은 노트북이에요.

2. A: 담당했던 일 중에서 힘들었던 일이 뭐예요?

B: 가장 힘들었던 일은 영업이에요.

3. A: 지금까지 만난 사람 중에서 제일 편했던 사람이 누구예요?

B: 제일 편했던 사람은 전 여친이에요.

II **1.** 못 푼 문제가 있으면 가르쳐 드릴게요.

2. 선생님이 보내 주신 책은 재미있어서 몇 번이나 읽었어요.

3. 아직 레포트를 제출하지 않은 사람은 이번 주까지 제출하세요.

4. 보고 싶었던 친구를 역 앞에서 우연히 만났어요.

5. 시골이었던 고향이 너무 변해서 놀라셨겠네요 / 놀라셨죠?

6. 한국 지사에 계셨던 분하고 올해부터 일본 지사에서 같이 일해요.

文法 30　▶「用言語幹＋던」,「用言語幹＋았던／었던」

基本練習

보다	보던 만화	봤던 만화	보시던 만화
알다	알던 사람	알았던 사람	아시던 분
신다	신던 구두	신었던 구두	신으시던 구두
다니다	다니던 학교	다녔던 학교	다니시던 학교
찍다	찍던 카메라	찍었던 카메라	찍으시던 카메라
공부하다	공부하던 친구	공부했던 친구	공부하시던 친구

応用練習

I　**1.** A: 이것은 언제 입던 옷이에요?

　　　B: 옛날에 입던 옷이었지만 지금은 가끔 입고 있어요.

　　2. A: 저것은 누가 쓰던 가방이에요?

　　　B: 아버지가 쓰시던 가방이었지만 요즘은 동생이 쓰고 있어요.

　　3. A: 이 CD는 누가 듣던 거예요?

　　　B: 어머니가 듣던 CD였지만 지금은 제가 듣고 있어요.

Ⅱ　**1.** 옛날에는 못 먹었던 카레를 지금은 먹을 수 있어요.

　　2. 지금 다니는 학원 선생님이 옛날에 옆집에 살았던 분이었어요.

　　3. 대학생 때 사귀었던 사람이면 잘 아시겠네요.

文法 31　▶ 未来連体形

基本練習

보다	볼 영화	보실 영화
사지 않다	사지 않을 물건	사지 않으실 물건
앉다	앉을 자리	앉으실 자리
출발하다	출발할 장소	출발하실 장소
알다	알 경우	아실 경우
있다	있을 예정	있으실 예정

한가하다	한가할 시간	한가하실 시간
교사	교사일 확률	교사이실 확률

Ⅰ **1.** A: 왜 이 논문을 안 읽어요?

B: 읽을 논문이 쌓여서 읽을 여유가 없어요.

2. A: 왜 마트에서 아무것도 사지 않아요?

B: 집에 먹을 것이 남아서 살 필요가 없어요.

3. A: 왜 그 사람에게 고백하지 않아요?

B: 남친이 있을 가능성이 높아서 성공할 가능성이 없어요.

Ⅱ **1.** 겨울에 입을 옷을 사러 같이 백화점에 가요/갑시다.

2. 아직 초등학생일 경우 할인 요금으로 입장할 수 있어요.

3. 다음 주 파티에 참가하지 않을 사람은 수요일까지 연락해 주세요.

文法 32 ▶ 用言語幹+ㄹ/을 때

基本練習

오다	올 때	왔을 때	오실 때
찾다	찾을 때	찾았을 때	찾으실 때
만들다	만들 때	만들었을 때	만드실 때
작다	작을 때	작았을 때	작으실 때
필요하다	필요할 때	필요했을 때	필요하실 때
있다	있을 때	있었을 때	있으실 때 계실 때
대학생	대학생일 때	대학생이었을 때	대학생이실 때
교사	교사일 때	교사였을 때	교사(이)실 때

応用練習

Ⅰ **1.** A: 가족이 보고 싶을 때 어떻게 하세요?

B: 가족이 보고 싶을 때는 같이 찍은 사진을 봐요.

2. A: 스트레스를 받으실 때 어떻게 하세요?

B: 스트레스가 쌓일 때는 맛있는 음식을 먹어요.

3. A: 감기에 걸렸을 때 어떻게 하세요?

B: 감기에 걸렸을 때는 따뜻한 생강차를 마셔요.

Ⅱ **1.** 처음 (에) 저 사람을 만났을 때는 아직 학생이었어요.

2. 장마 때 한국에 여행을 가서 힘들었던 추억이 있어요.

3. 죄송합니다만, 시간 있으실 때 연락 주시겠습니까?

4. あの人は小学生のときからアメリカに住んでいたので，今は有名な通訳者になりました。

5. 仕事が忙しいときは，食事かできない場合も多いです。

6. 韓国語を初めて習ったときは，発音が上手にできなかったけど今は自信があります。

文法 33	▶ 用言語幹＋ㄴ데／은데／는데「～なんですが」

基本練習

보다	보는데	봤는데	보시는데
말하다	말하는데	말했는데	말씀하시는데
짧다	짧은데	짧았는데	짧으신데
있다	있는데	있었는데	계시는데
없다	없는데	없었는데	안 계시는데
살다	사는데	살았는데	사시는데
교수	교수인데	교수였는데	교수(이)신데
회장이 아니다	회장이 아닌데	회장이 아니었는데	회장이 아니신데

応用練習

Ⅰ **1.** A: 고은 씨와 친구가 되고 싶은데 소개해 주시겠어요?

B: 고은 씨와 별로 친하지 않은데요.

2. A: 영어로 메일이 왔는데 번역해 주시겠어요?

B: 영어는 잘 못하는데요.

3. A: 컴퓨터가 고장이 났는데 고쳐 주시겠어요?

B: 저는 기계치인데요.

II **1.** まだ来ていない人が多いので，もう少し待ちましょうか。

2. 私今忙しいんですが。その話は後でしていただけますか。

3. 席もないし，他の店に行きましょう。

4. 어렸을 때는 활발한 성격이었는데 지금은 얌전해요.

5. 이거 신상품인데 너무 싸네요.

6. 신입사원인 사토인데 부장님 계세요?

比較してみよう5

1. 한국 사람이지만/한국 사람인데

2. 안 오는데

3. 새 차인데

4. 예매하고 싶은데

文法 34	▶ 動詞語幹+ㄴ/은 적이 있다/없다

基本練習

가다	간 적이 있어요 간 적이 없어요	가 본 적이 있어요 가 본 적이 없어요
읽다	읽은 적이 있어요 읽은 적이 없어요	읽어 본 적이 있어요 읽어 본 적이 없어요
만들다	만든 적이 있어요 만든 적이 없어요	만들어 본 적이 있어요 만들어 본 적이 없어요
일하다	일한 적이 있어요 일한 적이 없어요	일해 본 적이 있어요 일해 본 적이 없어요
찍다	찍은 적이 있어요 찍은 적이 없어요	찍어 본 적이 있어요 찍어 본 적이 없어요

울다	운 적이 있어요 운 적이 없어요	울어 본 적이 있어요 울어 본 적이 없어요
시키다	시킨 적이 있어요 시킨 적이 없어요	시켜 본 적이 있어요 시켜 본 적이 없어요

応用練習

Ⅰ **1.** A: 한국 짜장면을 드셔 본 적이 있으세요?

　　　B: 아뇨, 드라마에서 본 적은 있는데 먹어 본 적은 없어요.

　　2. A: 벼룩시장에서 옷을 판 적이 있으세요?

　　　B: 아뇨, 옷을 산 적은 있는데 판 적은 없어요.

　　3. A: 한국 회사에 면접을 본 적이 있으세요?

　　　B: 아뇨, 이력서를 낸 적은 있는데 면접을 본 적은 없어요.

Ⅱ **1.** 서울에 갔을 때 공항에서 유명한 배우를 본 적이 있어요.

　　2. 영화를 보고 운 적은 아직 한 번도 없어요.

　　3. 할머니께서 사 주신 지갑을 잃어버린 적이 있어요.

文法 35 　▶ 用言語幹＋ㄹ/을 것이다

基本練習

보다	볼 겁니다	볼 거예요	봤을 거예요
열다	열 겁니다	열 거예요	열었을 거예요
재미있다	재미있을 겁니다	재미있을 거예요	재미있었을 거예요
좋다	좋을 겁니다	좋을 거예요	좋았을 거예요
결혼하다	결혼할 겁니다	결혼할 거예요	결혼했을 거예요
끝나다	끝날 겁니다	끝날 거예요	끝났을 거예요
아는 사람	아는 사람일 겁니다	아는 사람일 거예요	아는 사람이었을 거예요
친구가 아니다	친구가 아닐 겁니다	친구가 아닐 거예요	친구가 아니었을 거예요

応用練習

Ⅰ **1.** A: 휴가 때 뭐 할 거예요?

　　 B: 대만에 친구가 있어서 만나러 갈 거예요.

　 2. A: 가게를 몇 시에 열 거예요?

　　 B: 어제 일이 늦게 끝나서 오늘은 오후에 열 거예요.

　 3. A: 주말에 중국어 학원에 다닐 거예요?

　　 B: 시간이 안 맞아서 다니지 않을 거예요.

Ⅱ **1.** 서울에는 몇 번이나 가 본 적이 있어서 이번에는 부산을 여행할 거예요.

　 2. 1시 비행기면 아직 도착하지 않았을 거예요.

　 3. 가게 앞에 항상 손님이 줄 서 있으니까 그 가게는 맛있을 거예요.

文法 36 ▸ ㄹ語幹用言

基本練習

놀다	놀지만	놀면	놉니다	놀아요	노는 아이
열다	열지만	열면	엽니다	열어요	여는 가게
들다	들지만	들면	듭니다	들어요	드는 가방
울다	울지만	울면	웁니다	울어요	우는 동생
길다	길지만	길면	깁니다	길어요	긴 머리
멀다	멀지만	멀면	멉니다	멀어요	먼 집
달다	달지만	달면	답니다	달아요	단 과자
팔다	팔지만	팔면	팝니다	팔아요	파는 물건
알다	알지만	알면	압니다	알아요	아는 단어
걸다	걸지만	걸면	겁니다	걸어요	거는 시계

応用練習

Ⅰ **1.** A: 김치를 사고 싶은데 파는 곳을 아세요?

　　 B: 지하 1층에서 파는데요.

2. A: 요즘 일이 많아서 힘들어요.

　　B: 힘들면 언제든지 말씀하세요.

3. A: 선생님 댁은 여기서 머세요?

　　B: 차로 가면 그렇게 안 멀어요.

4. A: 냄새가 나니까 창문을 엽시다.

　　B: 네, 제가 열게요.

Ⅱ　**1.** 한국어가 제일 빨리 느는 방법은 뭘까요?

　　2. 스즈키 씨가 잘 아시니까 연락해 보세요.

　　3. 역에서 먼 집은 월세가 싸지만 불편하네요.

文法 37　▶ ㅂ変則用言

基本練習

덥다	덥지만	더우면	더워요	더운 날씨
뜨겁다	뜨겁지만	뜨거우면	뜨거워요	뜨거운 물
어렵다	어렵지만	어려우면	어려워요	어려운 문제
고맙다	고맙지만	고마우면	고마워요	고마운 사람
쉽다	쉽지만	쉬우면	쉬워요	쉬운 책
무섭다	무섭지만	무서우면	무서워요	무서운 영화
차갑다	차갑지만	차가우면	차가워요	차가운 차
굽다	굽지만	구우면	구워요	구운 빵
잡다	잡지만	잡으면	잡아요	잡은 손잡이
좁다	좁지만	좁으면	좁아요	좁은 방
입다	입지만	입으면	입어요	입은 옷

応用練習

Ⅰ　**1.** A: 지금 사는 집은 역에서 가까워요?

　　B: 네, 역에서 가까워서 아주 편리해요.

　　2. A: 짐이 너무 무거우니까 도와 주세요.

　　B: 짐이 무거우면 제가 도와 드릴게요.

3. A: 지난 번에 도와 주셔서 고마웠어요.

B: 또 어려운 일 있으면 말씀하세요.

4. A: 아까우니까 다 드세요.

B: 아깝지만 더 이상 먹을 수 없어요.

Ⅱ **1.** 지금 쓰는 교과서는 예전에 쓰던 교과서보다 두꺼워요.

2. 그 사람이 너무 미워서 생각하고 싶지 않아요.

3. 가벼운 가방을 찾고 있는데 어디에서 사면 좋을까요?

文法 38 ▶ ㄷ変則用言

基本練習

듣다	듣지만	들으면	들어요	들은 노래
걷다	걷지만	걸으면	걸어요	걸은 공원
묻다	묻지만	물으면	물어요	물은 사람
싣다	싣지만	실으면	실어요	실은 짐
깨닫다	깨닫지만	깨달으면	깨달아요	깨달은 것
*받다	받지만	받으면	받아요	받은 선물
*닫다	닫지만	닫으면	닫아요	닫은 문
*믿다	믿지만	믿으면	믿어요	믿은 친구

応用練習

Ⅰ **1.** A: 하나 물어 보고 싶은데요.

B: 네, 뭐든지 물어 보세요.

2. A: 학교에서 집까지 걸어 본 적이 있어요?

B: 한번 걸어 봤는데 너무 힘들었어요.

3. A: 이 기사 내일 신문에 실을 거예요?

B: 아직 정확하지 않으니까 다음에 실읍시다.

Ⅱ **1.** 짐이 무거운데 대신 제가 차에 실어 드릴게요.

2. 고등학교 때 친구와 자주 듣던 노래를 지금도 기억하고 있어요.

3. 위험하니까 걸을 때 조심하세요.

文法 39 ▶ ㅅ変則用言

基本練習

낫다	낫지만	나으면	나아요	나은 병
잇다	잇지만	이으면	이어요	이은 줄
붓다	붓지만	부으면	부어요	부은 눈
긋다	긋지만	그으면	그어요	그은 선
젓다	젓지만	저으면	저어요	저은 커피
*씻다	씻지만	씻으면	씻어요	씻은 손
*벗다	벗지만	벗으면	벗어요	벗은 옷
*웃다	웃지만	웃으면	웃어요	웃은 얼굴

*正則

応用練習

I **1.** A: 물을 얼마나 부어요?
　　　 B: 표시가 있는 데까지 부으세요.

2. A: 어디에 이름을 씁니까?
　　 B: 선을 그은 곳에 쓰세요.

3. A: 벗은 옷을 어디에 넣을까요?
　　 B: 벗은 옷은 여기에 넣어 주세요.

4. A: 고은 씨 이름은 누가 지었어요?
　　 B: 아버지가 지어 주신 이름이에요.

II **1.** 음료를 저을 때 쓰는 그 도구는 한국어로 뭐라고 해요?

2. 근처에서 새 아파트를 짓고 있어서 공사하는 소리가 시끄러워요.

3. 약을 먹고 푹 자면 빨리 나을 거예요.

文法 40 ▸ ㅎ変則用言

基本練習

이렇다	이렇지만	이러면	이래요	이런 옷
저렇다	저렇지만	저러면	저래요	저런 가방
어떻다			어때요	어떤 사람
파랗다	파랗지만	파라면	파래요	파란 하늘
노랗다	노랗지만	노라면	노래요	노란색
까맣다	까맣지만	까마면	까매요	까만 구두
*좋다	좋지만	좋으면	좋아요	좋은 물건
*넣다	넣지만	넣으면	넣어요	넣은 돈
*놓다	놓지만	놓으면	놓아요	놓은 꽃

※色の名前は一つの名詞となり，分かち書きをしません。

応用練習

Ⅰ **1.** A: 어떤 가방을 살 거예요?

　　B: 까맣고 가벼운 가방을 사고 싶어요.

2. A: 저 사람은 예전에도 저런 적이 있어요?

　　B: 아뇨, 예전에는 안 그랬는데 사람이 변했어요.

3. A: 이거 지우 씨한테 사 주고 싶은데 어떨까요?

　　B: 디자인도 좋고 색깔이 하야니까 잘 어울리겠네요.

Ⅱ **1.** 빨간색, 파란색, 노란색, 흰색 중에서 어떤 색을 좋아하세요?

2. 벌써 이런 영화도 자막 없이 볼 수 있으세요?

3. 이거 제가 만들어 봤는데 맛은 어때요?

文法 41 ▸ 으変則用言

基本練習

바쁘다	바쁘지만	바쁘면	바빠요	바빴어요
예쁘다	예쁘지만	예쁘면	예뻐요	예뻤어요

슬프다	슬프지만	슬프면	슬퍼요	슬펐어요
모으다	모으지만	모으면	모아요	모았어요
쓰다	쓰지만	쓰면	써요	썼어요
끄다	끄지만	끄면	꺼요	껐어요
나쁘다	나쁘지만	나쁘면	나빠요	나빴어요
기쁘다	기쁘지만	기쁘면	기뻐요	기뻤어요
아프다	아프지만	아프면	아파요	아팠어요
뜨다	뜨지만	뜨면	떠요	떴어요
고프다	고프지만	고프면	고파요	고팠어요
크다	크지만	크면	커요	컸어요

応用練習

I　**1.** A: 배가 고픈데 먹을 게 있어요?

　　　B: 배가 고프면 이거라도 좀 드세요.

　2. A: 여행 비용을 얼마나 모았어요?

　　　B: 아직 100만원밖에 못 모아서 더 모을 거예요.

　3. A: 이 영화는 재미있지만 좀 슬프네요.

　　　B: 네, 저는 슬픈 영화보다 웃기는 영화를 보고 싶었는데.

　4. A: 빨간색으로 이름을 써서 혼났어요.

　　　B: 앞으로 까만색으로 쓰세요

II　**1.** 너무 바빠서 여자 친구 생일인데 아무것도 못 해 줬어요.

　2. 죄송하지만 창문을 닫고 불도 꺼 주시겠어요?

　3. 들어가고 싶던 대학교에 합격해서 너무 기뻤어요.

文法 42　▶ 르変則用言

基本練習

다르다	다르지만	다르면	달라요	달랐어요
모르다	모르지만	모르면	몰라요	몰랐어요
고르다	고르지만	고르면	골라요	골랐어요

자르다	자르지만	자르면	잘라요	잘랐어요
마르다	마르지만	마르면	말라요	말랐어요
오르다	오르지만	오르면	올라요	올랐어요
부르다	부르지만	부르면	불러요	불렀어요
기르다	기르지만	기르면	길러요	길렀어요
서두르다	서두르지만	서두르면	서둘러요	서둘렀어요
*따르다	따르지만	따르면	따라요	따랐어요
*들르다	들르지만	들르면	들러요	들렀어요

応用練習

I **1.** A: 일본 생활 어때요?

B: 재미있는데 예전보다 물가가 올라서 힘드네요.

2. A: 이 노래 들어 봤어요?

B: 누가 불렀어요? 이렇게 좋은 노래를 지금까지 몰랐네요.

3. A: 긴 머리를 잘랐네요? 무슨 일 있었어요?

B: 그냥 너무 더워서 잘라 봤어요.

II **1.** 아시아 문화는 비슷한 것도 많지만 상당히 / 꽤 달라요

2. 목이 말라서 편의점에 들러서 마실 것을 / 음료수를 샀어요.

3. 선생님께 선물을 드리고 싶은데 골라 주시겠어요?

文法 43 ▶ 連体形＋것 같다

基本練習

먹다	먹은 / 먹었던 것 같아요	먹는 것 같아요	먹을 것 같아요
듣다	들은 / 들었던 것 같아요	듣는 것 같아요	들을 것 같아요
말하다	말한 / 말했던 것 같아요	말하는 것 같아요	말할 것 같아요
짓다	지은 / 지었던 것 같아요	짓는 것 같아요	지을 것 같아요
쓰다	쓴 / 썼던 것 같아요	쓰는 것 같아요	쓸 것 같아요
없다	없었던 것 같아요	없는 것 같아요	없을 것 같아요
알다	안 / 알았던 것 같아요	아는 것 같아요	알 것 같아요

좋다	좋았던 것 같아요	좋은 것 같아요	좋을 것 같아요
춥다	추웠던 것 같아요	추운 것 같아요	추울 것 같아요
재미있다	재미있었던 것 같아요	재미있는 것 같아요	재미있을 것 같아요
빠르다	빨랐던 것 같아요	빠른 것 같아요	빠를 것 같아요
예쁘다	예뻤던 것 같아요	예쁜 것 같아요	예쁠 것 같아요
길다	길었던 것 같아요	긴 것 같아요	길 것 같아요
파랗다	파랬던 것 같아요	파란 것 같아요	파랄 것 같아요
연예인	연예인이었던 것 같아요	연예인인던 것 같아요	연예인일 것 같아요

I 1. A: 오늘 김치찌개를 먹으러 갈까요?

   B: 유타 씨가 매운 것을 못 먹으니까 싫어할 것 같아요.

   2. A: 저기 기다리는 사람이 누구일까요?

   B: 다나카 씨를 닮았으니까 다나카 씨 동생일 것 같아요.

   3. A: 수업이 벌써 끝났을까요?

   B: 이제 5분 남았으니까 곧 끝날 것 같아요.

   4. A: 오늘 일찍 퇴근할 수 있을까요?

   B: 부장님이 아직 안 돌아오셨으니까 힘들 것 같아요.

II 1. 입어 보고 사이즈가 작은 것 같으면 교환도 할 수 있어요.

   2. 그 영화는 본 적이 없지만 꽤 무서울 것 같아요.

   3. 옛날에는 한국어를 배우고 싶어하는 사람이 별로 없었던 것 같아요.

基本練習

가다	가는 편이에요. 간 편이에요	가는 편이 아니에요 간 편이 아니에요
읽다	읽는 편이에요 읽은 편이에요	읽는 편이 아니에요 읽은 편이 아니에요
만들다	만드는 편이에요 만든 편이에요	만드는 편이 아니에요 만든 편이 아니에요
듣다	듣는 편이에요 들은 편이에요	듣는 편이 아니에요 들은 편이 아니에요
붓다	붓는 편이에요 부은 편이에요	붓는 편이 아니에요 부은 편이 아니에요
없다	없는 편이에요	없는 편이 아니에요
춥다	추운 편이에요	추운 편이 아니에요
그렇다	그런 편이에요	그런 편이 아니에요
부자	부자인 편이에요	부자인 편이 아니에요

応用練習

Ⅰ **1.** A: 요즘 배우고 있는 한국어는 어때요?

B: 문법은 쉬운데 발음이 어려운 편이에요.

2. A: 매운 음식을 잘 드세요?

B: 좋아하는데 잘 못 먹는 편이에요.

3. A: 쉬는 날 뭐 하세요?

B: 가끔 친구하고 노는데 주로 집에 있는 편이에요.

Ⅱ **1.** 쌍둥이인데 형은 키가 작고 동생은 키가 큰 편이에요.

2. 어릴 때는 내가 잘 우는 편이어서 어머니가 많이 걱정하셨어요.

3. 시험에는 합격했지만 다른 합격자에 비하면 시험을 잘 본 편이 아니에요.

文法 45　▶動詞語幹+지 말다

먹다	먹지 마세요	먹지 맙시다	먹지 말고
만지다	만지지 마세요	만지지 맙시다	만지지 말고
놀다	놀지 마세요	놀지 맙시다	놀지 말고
보내다	보내지 마세요	보내지 맙시다	보내지 말고
찍다	찍지 마세요	찍지 맙시다	찍지 말고
울다	울지 마세요	울지 맙시다	울지 말고

応用練習

Ⅰ　**1.** A: 창문을 열고 싶은데요.

　　B: 청문을 열지 말고 에어컨을 켜세요.

　2. A: 요즘 잠을 못 자는데요.

　　B: 그럼 커피를 마시지 말고 우유를 드세요.

　3. A: 눈이 너무 아픈데요.

　　B: 참지 말고 병원에 가 보세요.

Ⅱ　**1.** 위험하니까 들어가지 마세요 / 들어오지 마세요.

　2. 포기하지 말고 다시 한 번 도전해 보세요.

　3. 많이 걸어서 피곤하니까 오늘은 운동하지 맙시다.

比較してみよう9

1. 가 아니라

2. 말고

基本練習

오다	오면 돼요	오면 안 돼요	오시면 돼요
만나다	만나면 돼요	만나면 안 돼요	만나시면 돼요
듣다	들으면 돼요	들으면 안 돼요	들으시면 돼요
들다	들면 돼요	들면 안 돼요	드시면 돼요
젓다	저으면 돼요	저으면 안 돼요	저으시면 돼요
주부	주부 (이)면 돼요	주부 (이)면 안 돼요	주부 (이)시면 돼요
공무원	공무원이면 돼요	공무원이면 안 돼요	공무원이시면 돼요

応用練習

I **1.** A: 내일 9시에 가면 돼요?

　　 B: 네, 회의가 시작되는 9시에 오면 돼요.

　　 C: 아뇨, 9시에 오면 안 돼요. 더 일찍 오세요.

2. A: 이것을 다 치우면 돼유?

　　 B: 네, 여기에 있는 거 다 치우면 돼요.

　　 C: 아뇨, 다 치우면 안 돼요. 그대로 두세요.

3. A: 물건을 어디에서 팔면 돼요?

　　 B: 사람이 많이 이용하는 사이트에서 팔면 돼요.

　　 C: 물건을 함부로 팔면 안 돼요. 한 번 더 생각해 보세요.

II **1.** 이 일은 누구에게 물어보면 될까요?

2. 약속은 3시니까 2시에 출발하면 될 것 같아요 / 될 거예요.

3. 외부인이 들어가면 안 되는데 오늘은 특별히 들어갈 수 있어요.

文法 47　▸ 用言語幹＋아도 / 어도

基本練習

가다	가도	가셔도	갔어도
찾다	찾아도	찾으셔도	찾았어도
듣다	들어도	들으셔도	들었어도
잘하다	잘해도	잘하셔도	잘했어도
나쁘다	나빠도	나쁘셔도	나빴어도
낫다	나아도	나으셔도	나았어도
춥다	추워도	추우셔도	추웠어도
부르다	불러도	부르셔도	불렀어도
그렇다	그래도	그러셔도	그랬어도
학생	학생이어도	학생이셔도	학생이었어도

応用練習

Ⅰ　**1.** A: 식사하셨어요?

　　　B: 네, 저는 아무리 바빠도 밥은 꼭 먹어요.

　　2. A: 논문 다 끝내셨어요?

　　　B: 아무리 써도 끝이 안 보여요.

　　3. A: 컴퓨터가 고장났어요?

　　　B: 네, 전원 버튼을 아무리 눌러도 안 켜져요.

Ⅱ　**1.** 저 사람은 같은 말을 / 이야기를 몇 번 해도 안 들어요.

　　2. 지난주부터 회의 준비를 시작했는데 자료를 만들어도 만들어도 안 끝나요.

　　3. 아무리 친한 사이여도 / 친한 사이라도 그런 이야기는 안 하는 편이 좋은 거 같아요.

　　4. 내일 회의는 사장님이 안 오셔도 열릴 예정이에요.

文法 48 ▸ 用言語幹+아도/어도 되다

基本練習

입다	입어도 돼요	입으셔도 돼요	입어 봐도 돼요
마시다	마셔도 돼요	드셔도 돼요	마셔 봐도 돼요
묻다	물어도 돼요	물으셔도 돼요	물어 봐도 돼요
말하다	말해도 돼요	말씀하셔도 돼요	말해 봐도 돼요
자르다	잘라도 돼요	자르셔도 돼요	잘라 봐도 돼요
긋다	그어도 돼요	그으셔도 돼요	그어 봐도 돼요
쓰다	써도 돼요	쓰셔도 돼요	써 봐도 돼요

応用練習

I　**1.** A: 회사 근처인데 잠깐 들러도 돼요?

　　　　 B: 네, 한가하니까 지금 오셔도 돼요.

　　2. A: 짐이 많은데 차에 좀 실어도 돼요?

　　　　 B: 아뇨, 앉을 자리가 없으니까 실으면 안 돼요.

　　3. A: 추운데 창문 좀 닫아도 돼요?

　　　　 B: 네, 좀 추우니까 닫아도 돼요.

　　4. A: 시끄러운데 텔레비전을 꺼도 돼요?

　　　　 B: 아뇨, 아직 안 끝났으니까 끄면 안 돼요.

II　**1.** 이거 맛있을 거 같은데 먹어 봐도 돼요?

　　2. 생일 선물은 제가 골라도 될까요?

　　3. 다/전부 끝나셨으면 가셔도/돌아가셔도 돼요.

文法 49 ▸ 用言語幹+아야/어야 하다

基本練習

사다	사야 해요	사셔야 해요
알다	알아야 해요	아셔야 해요

짓다	지어야 해요	지으셔야 해요
걷다	걸어야 해요	걸으셔야 해요
그렇다	그래야 해요	그러셔야 해요
크다	커야 해요	크셔야 해요
자르다	잘라야 해요	자르셔야 해요
선생님	선생님이어야 해요	선생님이셔야 해요

応用練習

Ⅰ **1.** A: 한국 대학에 가고 싶은데 어떻게 해야 돼요?

　 B: 한국 대학에 가고 싶으면 한국어능력시험을 봐야 돼요.

　 2. A: 객실 승무원이 되고 싶은데 꼭 여자여야 돼요?

　 B: 아뇨, 하지만 객실 승무원이 되고 싶으면 영어를 잘해야 돼요.

　 3. A: 한국에서 일하고 싶은데 비자가 있어야 돼요?

　 B: 외국 사람이면 비자를 받아야 돼요.

Ⅱ **1.** 제가 해야 하는 이유를 가르쳐 주세요.

　 2. 한국어로 써야 되는데 일본어로 썼어요.

　 3. 수업 중이라서 배가 고파도 참아야 돼요.

文法 50 ▶ 動詞語幹+ㄹ래요 / 을래요

基本練習

오다	올래요	오실래요?	와 줄래요?
받다	받을래요	받으실래요?	받아 줄래요?
들다	들래요	드실래요?	들어 줄래요?
돕다	도울래요	도우실래요?	도와 줄래요?
짓다	지을래요	지으실래요?	지어 줄래요?
듣다	들을래요	들으실래요?	들어 줄래요?
그렇다	그럴래요	그러실래요?	그래 줄래요?
부르다	부를래요	부르실래요?	불러 줄래요?
쓰다	쓸래요	쓰실래요?	써 줄래요?

I **1.** A: 오늘 친구를 만나는데 같이 가실래요?

　　 B: 몸이 안 좋으니까 오늘은 쉴게요.

　 2. A: 날씨가 좋은데 좀 걸을래요?

　　 B: 꽃가루 알레르기가 심하니까 그냥 집에 있을게요.

　 3. A: 엄마 생일인데 음식은 뭐 만들래요?

　　 B: 엄마가 잡채를 좋아하니까 잡채를 만들게요.

II **1.** A: 이 옷, 작아서 못 입는데 입어 볼래요?

　　 B: 나한테 어울릴 것 같네요. 고마워요.

　 2. A: 어제 수업에 결석했는데 노트 좀 빌려 줄래요?

　　 B: 미안해요. 내일 시험이라서 공부해야 해요.

　 3. A: 한국에서 지우 씨가 오면 어디에 갈래요?

　　 B: 글쎄요. 디즈니랜드라도 갈까요?

比較してみよう10

【勧誘表現】

1. 갈까요? / 갈래요?

2. 살까요?

3. 주실래요?

【意志表現】

1. 갈게요

2. 안 늦을게요

3. 만날 거예요

文法 51 ▸ 動詞語幹+ㄴ/은 지

基本練習

나가다	나간 지	나가신 지	안 나간 지
운동하다	운동한 지	운동하신 지	운동 안 한지
듣다	들은 지	들으신 지	안 들은 지
짓다	지은 지	지으신 지	안 지은 지
자르다	자른 지	자르신 지	안 자른 지
읽다	읽은 지	읽으신 지	안 읽으신 지
살다	산 지	사신 지	안 산 지

応用練習

Ⅰ **1.** A: 그 가게가 문을 연 지 얼마나 됐어요?
B: 1주일이 지났는데 손님이 별로 많지 않아요.
2. A: 유학을 온 지 얼마나 됐어요?
B: 3개월이 넘었는데 아직 적응이 안 돼요.
3. A: 지금 회사에 취직한 지 얼마나 됐어요?
B: 아직 얼마 안 됐는데 벌써 그만두고 싶어요.

Ⅱ **1.** 회의가 시작된 지 2시간이 지났는데 아직 안 끝난 것 같아요.
2. 선생님이 담배를 끊으신 지 몇 년 됐죠?
3. 그 사람에게 연락이 안 온 지 한 달이 됐어요.

文法 52 ▸ 用言語幹+기 때문에

基本練習

쉬다	쉬기 때문에	쉬었기 때문에
짓다	짓기 때문에	지었기 때문에
늦다	늦기 때문에	늦었기 때문에
모르다	모르기 때문에	몰랐기 때문에
알다	알기 때문에	알았기 때문에

듣다	듣기 때문에	들었기 때문에
그렇다	그렇기 때문에	그랬기 때문에
아프다	아프기 때문에	아팠기 때문에
공무원	공부원이기 때문에	공무원이었기 때문에

応用練習

I **1.** A: 왜 어제 늦게까지 일했습니까?

    B: 해야 할 일이 많았기 때문에 야근했습니다.

  2. A: 왜 독일에 유학을 가셨습니까?

    B: 유명한 교수님이 추천해 주셨기 때문에 유학을 갔습니다.

  3. A: 그 사람에게 왜 인사 안 하셨습니까?

    B: 전혀 모르는 사람이기 때문에 인사하지 않았습니다.

II **1.** 발음 때문에 많은 사람들 앞에서 발표하고 싶지 않아요.

  2. 너무 울어서 눈이 부었기 때문에 사진을 찍고 싶지 않아요.

  3. 쿠데타가 발생했기 때문에 입국할 수 없습니다.

  4. 물가가 올랐기 때문에 소비가 감소하고 있습니다.

比較してみよう12

1. 와서

2. 좋아하니까

3. 도와 주셔서

4. 합격해서

5. 자서

6. 시작되기 때문에

文法 53 ▶ 動詞語幹+려고/으려고 하다

基本練習

사다	사려고요	사려고 해요	사려고 하는데
찾다	찾으려고요	찾으려고 해요	찾으려고 하는데
살다	살려고요	살려고 해요	살려고 하는데
긋다	그으려고요	그으려고 해요	그으려고 하는데
고르다	고르려고요	고르려고 해요	고르려고 하는데
돕다	도우려고요	도우려고 해요	도우려고 하는데
걷다	걸으려고요	걸으려고 해요	걸으려고 하는데
그렇다	그러려고요	그러려고 해요	그러려고 하는데

応用練習

Ⅰ **1.** A: 이따가 퇴근하면 뭐 할 거예요?

B: 어제 잠을 못 자서 바로 자려고요.

2. A: 오랜만에 친구를 만나면 뭐 할 거예요?

B: 친구가 다코야키를 좋아해서 집에서 같이 만들려고요.

3. A: 한국에 가면 뭐 할 거예요?

B: 도자기에 관심이 있어서 이천 도자기 마을에 가 보려고요.

Ⅱ **1.** 다음 주 금요일에 예약하려고 하는데요, 예약 가능할까요?

2. 돈을 모아서 오키나와에 살고 있는 부모님에게 집을 지어 드리려고요. /드리려고 해요.

3. 이사하는 친구를 도우려고 아침 일찍 일어났는데 배가 아파서 못 갔어요.

文法 54 ▶ 用言語幹+거든요

基本練習

만들다	만들거든요	만들었거든요	만드셨거든요
쓰다	쓰거든요	썼거든요	쓰셨거든요

오르다	오르거든요	올랐거든요	오르셨거든요
걷다	걷거든요	걸었거든요	걸으셨거든요
늦다	늦거든요	늦었거든요	늦으셨거든요
짓다	짓거든요	지었거든요	지으셨거든요
돕다	돕거든요	도왔거든요	도우셨거든요
그렇다	그렇거든요	그랬거든요	그러셨거든요
사장님	사장님 (이) 거든요	사장님이었거든요	사장님이셨거든요

応用練習

I
1. A: 왜 매운 음식을 안 드세요?

B: 위가 약해서 먹을 수 없거든요.

2. A: 왜 숙제를 안 내셨어요?

B: 깜빡 잊어버려서 못 했거든요.

3. A: 왜 다른 것으로 교환하셨어요?

B: 색깔이 너무 빨개서 마음에 안 들었거든요.

II
1. 좀 도와 주시겠어요? 혼자 들 수 없거든요.

2. 처음에는 그 사람을 잘 몰랐거든요. 하지만 만나 보니까 좋은 사람이었어요.

3. 내일 올 친구는 한국 사람이거든요. 이전에 한국에 여행을 갔을 때 안내해 준 사람이에요.

文法 55 ▶ 用言語幹＋잖아요

基本練習

먹다	먹잖아요	먹었잖아요	드시잖아요
걷다	걷잖아요	걸었잖아요	걸으시잖아요
만들다	만들잖아요	만들었잖아요	만드시잖아요
배우다	배우잖아요	배웠잖아요	배우시잖아요
쓰다	쓰잖아요	썼잖아요	쓰시잖아요
돕다	돕잖아요	도왔잖아요	도우시잖아요

| 하얗다 | 하얗잖아요 | 하얬잖아요 | 하야시잖아요 |
| 선생님 | 선생님이잖아요 | 선생님이었잖아요 | 선생님이시잖아요 |

应用練習

I
1. A: 오늘 쉬는 날인데 어디 가세요?
B: 한국어능력시험이 있어서 시험 보러 가야 하잖아요.
2. A: 월말인데 벌써 퇴근하세요?
B: 네 과장님이 승진하셔서 오늘 회식하잖아요.
3. A: 그 분은 그렇게 안 유명한데 어떻게 아세요?
B: 제가 발이 넓어서 아는 사람이 많잖아요.

II
1. 지난주에 머리를 잘랐잖아요. 그런데 미용실에 또 가요?
2. 제가 만들어 드렸잖아요. 벌써 잊어버렸어요?
3. A: 저기 미호 씨 옆에 앉아 있는 사람은 누구예요?
B: 아 ~ 헤어진 남자 친구잖아요.
4. A: 또 한국 드라마를 보세요?
B: 네, 한국 드라마는 희로애락이 있어서 재미있잖아요.

文法 56 ▶ 動詞語幹+기 전에, 動詞語幹+ㄴ/은 후에

基本練習

가다	가기 전에	가시기 전에	간 후에	가신 후에
묻다	묻기 전에	물으시기 전에	물은 후에	물으신 후에
팔다	팔기 전에	파시기 전에	판 후에	파신 후에
낫다	낫기 전에	나으시기 전에	나은 후에	나으신 후에
넣다	넣기 전에	넣으시기 전에	넣은 후에	넣으신 후에
도착하다	도착하기 전에	도착하시기 전에	도착한 후에	도착하신 후에
돕다	돕기 전에	도우시기 전에	도운 후에	도우신 후에
부르다	부르기 전에	부르시기 전에	부른 후에	부르신 후에
씻다	씻기 전에	씻으시기 전에	씻은 후에	씻으신 후에

Ⅰ　**1.** A: 밥을 짓기 전에 찌개를 끓여도 될까요?

　　　　B: 밥을 지은 후에 끓이세요.

　　2. A: 연락이 오기 전에 미리 물건을 실어도 될까요?

　　　　B: 연락을 받은 후에 물건을 실으세요.

　　3. A: 청소하기 전에 창문을 열어도 돼요?

　　　　B: 청소를 끝낸 후에 창문을 여세요.

Ⅱ　**1.** 모두의 의견을 들은 후에 정하는 게 좋을 것 같아요.

　　2. 식사 전에 과자를 먹으면 안 돼요.

　　3. 자기 전에 내일 가져 갈 것을 준비해야 돼요.

文法 57　▶ 用言語幹+기

基本練習

듣다	듣기	듣기 쉽다	듣기 어렵다
읽다	읽기	읽기 쉽다	읽기 어렵다
쓰다	쓰기	쓰기 쉽다	쓰기 어렵다
말하다	말하기	말하기 쉽다	말하기 어렵다
만들다	만들기	만들기 쉽다	만들기 어렵다
먹다	먹기	먹기 쉽다	먹기 어렵다
모으다	모으기	모으기 쉽다	모으기 어렵다

応用練習

Ⅰ　**1.** A: 그 노트북은 노트북은 쓰기 편해요?

　　　　B: 아뇨, 속도가 느리고 무거워서 쓰기 불편해요.

　　2. A: 요즘 취직하기 쉬워요?

　　　　B: 아뇨, 경기가 안 좋아서 취직하기 힘들어요.

　　3. A: 이 문제 풀기 어려워요?

　　　　B: 네, 복잡해서 틀리기 쉬워요.

1. 일본에서는 지갑을 잃어버려도 찾기 쉬운 편이에요.

2. 경험이 없으면 합격하기 어려울까요? / 힘들까요?

3. 설명이 알기 쉬워서 읽기 편할 거예요. / 편할 것 같아요.
읽기 쉬울 거예요. / 쉬울 것 같아요.

4. 집에서 역까지 멀어서 살기 불편하지만 집세는 싸요.

5. 눈이 와서 미끄러지기 쉬우니까 조심하세요.

6. 저 사람은 예전에 만난 적이 있는데 정말 말하기 편한 사람이었어요.

文法 58 ▶ **動詞語幹+기로 하다**

基本練習

팔다	팔기로 하다	팔기로 했어요	팔기로 하셨어요
들다	들기로 하다	들기로 했어요	들기로 하셨어요
부르다	부르기로 하다	부르기로 했어요	부르기로 하셨어요
짓다	짓기로 하다	짓기로 했어요	짓기로 하셨어요
듣다	듣기로 하다	듣기로 했어요	듣기로 하셨어요
돕다	돕기로 하다	돕기로 했어요	돕기로 하셨어요
쓰다	쓰기로 하다	쓰기로 했어요	쓰기로 하셨어요
만나다	만나기로 하다	만나기로 했어요	만나기로 하셨어요

応用練習

Ⅰ **1.** A: 축구 동아리에 들어가기로 했는데 같이 할래요?

B: 시간이 없을 것 같아요. 아르바이트를 시작하기로 했거든요.

2. A: 댄스 학원에 다니기로 했는데 같이 다닐래요?

B: 못 다닐 것 같아요. 다음달부터 학원에서 영어를 배우기로 했거든요.

3. A: 학교 근처에 큰 방을 빌리기로 했는데 같이 살래요?

B: 어려울 것 같아요. 이미 다른 친구와 같이 살기로 했거든요.

Ⅱ **1.** 음식이 모자라면 안되니까 더 많이 시키기로 해요.

2. 오늘 친구 이사를 도와 주기로 했는데 친구가 전화를 안 받아요.

3. 이 바지는 작아서 입기 불편하니까 교환하기로 하죠.

| 文法 59 | ▶ 用言語幹+게 |

基本練習

만나다	만나게	만나게 되다	만날 수 있게 되다
깨닫다	깨닫게	깨닫게 되다	깨달을 수 있게 되다
짓다	짓게	짓게 되다	지을 수 있게 되다
살다	살게	살게 되다	살 수 있게 되다
이사하다	이사하게	이사하게 되다	이사할 수 있게 되다
입다	입게	입게 되다	입을 수 있게 되다
돕다	돕게	돕게 되다	도울 수 있게 되다
쓰다	쓰게	쓰게 되다	쓸 수 있게 되다

応用練習

Ⅰ **1.** A: 저희 어디에 앉아야 돼요?

　　B: 자리가 많으니까 아무데나 편하게 앉으세요.

　2. A: 필요한 물건을 언제 사야 돼요?

　　B: 다음달에 백화점에서 세일하니까 그때 싸게 사세요.

　3. A: 언제 방을 청소해야 돼요?

　　B: 곧 손님이 오니까 지금 깨끗하게 청소해야 돼요.

Ⅱ **1.** 저는 이번 달부터 영업부에서 일하게 된 와타나베입니다.

　2. 소바는 차갑게 / 차게 먹는 게 맛있어요.

　3. 사람이 못 들어오게 문을 닫으세요.

　4. 고등학교 때 후배와 결혼하게 됐는데 실감이 안 나요.

文法 60 ▶ 形容詞語幹＋아지다/어지다

基本練習

좋다	좋아져요	좋아졌어요	좋아지셨어요
멀다	멀어져요	멀어졌어요	멀어지셨어요
조용하다	조용해져요	조용해졌어요	조용해지셨어요
부드럽다	부드러워져요	부드러워졌어요	부드러워지셨어요
예쁘다	예뻐져요	예뻐졌어요	예뻐지셨어요
하얗다	하얘져요	하얘졌어요	하얘지셨어요
빠르다	빨라져요	빨라졌어요	빨라지셨어요

応用練習

I **1.** A: 10년 만에 간 학교는 어땠어요?

   B: 학교 근처에 있던 카페가 없어졌어요.

2. A: 이번에 본 시험은 쉬웠어요?

   B: 작년에는 쉬웠던 문제가 많이 어려워졌어요.

3. A: 고향에 계신 부모님은 건강이 어떠셨어요?

   B: 건강하시던 어머니께서 눈이 많이 나빠지셨어요.

II **1.** 유타 씨는 긴장을 하면 얼굴이 빨개지는 것 같아요.

2. 그 이야기를 들은 유카 씨 얼굴이 파래져서 깜짝 놀랐어요.

3. 사회인이 되면 바빠지니까/바빠져서 점점 못 만나게 될 것 같아요. / 될 거예요.

文法 61 ▶ 用言語幹＋면서/으면서

基本練習

가다	가면서	가시면서
싣다	실으면서	실으시면서
만들다	만들면서	만드시면서
멋있다	멋있으면서	멋있으시면서

짓다	지으면서	지으시면서
누르다	누르면서	누르시면서
돕다	도우면서	도우시면서
크다	크면서	크시면서

応用練習

I **1.** A: 회의를 어떤 방법으로 해요?

   B: 모든 사람 의견을 들으면서 해요.

   2. A: 한국어 공부를 어떤 식으로 해요?

   B: 드라마를 보면서 표현을 배워요.

   3. A: 선생님은 어떤 분이에요?

   B: 항상 웃으면서 이야기하시는 분이에요.

II **1.** 저 사람은 항상 울면서 노래하는 것으로 유명한 가수예요.

   2. 위험하니까 자전거를 타면서 음악을 듣지 마세요.

   3. 그 작품은 슬프면서도 아름디운 이야기로 인기가 있어요.

文法 62 ▶ 形容詞語幹＋아/어 보이다

基本練習

젊다	젊어 보여요	젊어 보였어요	젊어 보이세요
멋있다	멋있어 보여요	멋있어 보였어요	멋있어 보이세요
건강하다	건강해 보여요	건강해 보였어요	건강해 보이세요
귀엽다	귀여워 보여요	귀여워 보였어요	귀여워 보이세요
예쁘다	예뻐 보여요	예뻐 보였어요	예뻐 보이세요
하얗다	하얘 보여요	하얘 보였어요	하얘 보이세요
괜찮다	괜찮아 보여요	괜찮아 보였어요	괜찮아 보이세요

応用練習

I **1.** A: 여기서 파는 떡볶이가 맛있어 보이는데요?

B: 맛있어 보이지만 좀 매운 편이에요.

2. A: 내일 만날 사람 괜찮아 보이는데요?

B: 그래 보이지만 실은 성격이 까다로운 편이에요.

3. A: 미라 씨가 사귀는 사람 성실해 보이는데요?

B: 성실해 보이지만 약속 시간에 자주 늦는 편이에요.

Ⅱ **1.** 어려워 보여도 누구나 할 수 있는 일이에요.

2. 힘들어 보이시는데 괜찮으세요?

3. 지우 씨한테 무슨 일 있었어요? 눈도 빨갛고 입술도 파래서 아파 보였어요.

文法 63 ▶ 動詞語幹＋아/어 버리다

基本練習

가다	가 버려요	가 버렸어요	가 버렸는데요
끄다	꺼 버려요	꺼 버렸어요	꺼 버렸는데요
싣다	실어 버려요	실어 버렸어요	실어 버렸는데요
울다	울어 버려요	울어 버렸어요	울어 버렸는데요
붓다	부어 버려요	부어 버렸어요	부어 버렸는데요
누르다	눌러 버려요	눌러 버렸어요	눌러 버렸는데요
말하다	말해 버려요	말해 버렸어요	말해 버렸는데요
지우다	지워 버려요	지워 버렸어요	지워 버렸는데요

応用練習

Ⅰ **1.** A: 왜 필요한 물건을 안 사셨어요?

B: 이번 달 용돈을 다 써 버려서 못 샀어요.

2. A: 왜 크리스마스에 혼자 보내셨어요?

B: 여자 친구와 헤어져 버려서 혼자 지냈어요.

3. A: 왜 음식을 버리셨어요?

B: 요리가 다 타 버려서 못 먹었어요.

1. 그런 회사 그만둬 버리면 되잖아요.

    2. 잃어버린 물건을 찾는 꿈을 꿨어요.

    3. 맛있는 케이크가 있는데 저녁을 너무 많이 먹어 버려서 못 먹어요.

文法 64 ▶ 用言語幹＋거나

基本練習

가다	가거나	갔거나	가시거나
걷다	걷거나	걸었거나	걸으시거나
누르다	누르거나	눌렀거나	누르시거나
춥다	춥거나	추웠거나	추우시거나
되다	되거나	됐거나	되시거나
운동하다	운동하거나	운동했거나	운동하시거나
짓다	짓거나	지었거나	지으시거나
그렇다	그렇거나	그랬거나	그러시거나
기자	기자 (이) 거나	기자였거나	기자시거나
국회의원	국회의원이거나	국회의원이었거나	국회의원이시거나

応用練習

Ⅰ **1.** A: 공부하기 싫을 때 어떻게 해요?

    B: 영화를 보거나 친구하고 수다를 떨거나 해요.

    2. A: 단어를 모를 때 어떻게 해야 해요?

    B: 선생님에게 묻거나 사전을 찾거나 해요.

    3. A: 집을 구할 때 어떻게 해요?

    B: 부동산에 가거나 인터넷으로 알아보거나 해요.

Ⅱ **1.** 어젯밤에 물을 많이 마셨거나 라면을 먹고 자서 얼굴이 부은 것 같아요.

    2. 이 검은 음료수는 콜라거나 커피일 거예요.

    3. 문의 사항은 전화 주시거나 메일을 보내 주시거나 하면 답변해 드리겠습니다.

応用練習［日本語訳］

文法 1 ▸ 합니다体

応用練習 I

1. A: 明日時間がありますか。
   B: いいえ，明日は時間がありません。
2. A: 友達に/友達がいつメールを送りますか。
   B: 午後にメールを送ります。
3. A: 家から学校までどのように行きますか。
   B: 学校まで電車で行きます。

文法 2 ▸ 名詞+라고/이라고 합니다

応用練習 I

1. A: 猫の名前は何と言いますか。
   B: 猫の名前はタマと言います。
2. A: あれは何と言いますか。
   B: あれは時計と言います。
3. A:「子犬」は韓国語で何と言いますか。
   B: 강아지と言います。

文法 3 ▸ 否定形

応用練習 I

1. A: 毎日韓国料理を食べますか。
   B: いいえ，毎日韓国料理を食べません。たまに食べます。
2. A: 普通ジムで運動しますか。
   B: いいえ，ジムで運動しません。公園でします。
3. A: マークさんはアメリカ人ですか。
   B: いいえ，マークさんはアメリカ人ではありません。ドイツ人です。

文法 4　▶ 해요체

応用練習 I

1. A: 何のスポーツが好きですか。
   B: サッカーが好きです。
2. A: 家から大学まで何時間かかりますか。
   B: 地下鉄で1時間かかります。
3. A: 田中さんの職業は公務員ですか。
   B: いいえ，公務員ではありません。弁護士です。
4. A: 誕生日プレゼントに何をあげますか。
   B: ハンカチとピアスをあげます。
5. A: リンゴはいくらで売っていますか。
   B: 3つで，2000ウォンで売ります。

文法 5　▶ 過去形

応用練習 I

1. A: 昔ここに何がありましたか。
   B: 数年前まで／数年前に病院がありました。
2. A: 昨日，会議に出席しましたか。
   B: 私は出席しませんでした。
3. A: 小学生の時，夢は何でしたか。
   B: 私の夢はモデルでした。
4. A: 誰が学生会長になりましたか。
   B: ミカが学生会長になりました。
5. A: 昨日どれくらい待ちましたか。
   B: 駅で30分も待ちました。
6. A: 卒業プレゼントに何をもらいましたか。
   B: 両親からノートパソコンをもらいました。

文法 6　▶ 尊敬語①

応用練習 I

1. A: ミナさんは大学生でいらっしゃいますか。

　　B: いいえ，大学生ではありません。

2. A: 家から学校まで遠いですか。

　　B: いいえ，遠くありません。電車で10分かかります。

3. A: 日本の歌がお好きですか。

　　B: いいえ，好きではありません。K-popが好きです。

4. A: 昨年，韓国に行かれましたか。

　　B: いいえ，行っていません。/行きませんでした。

5. A: 最近どこで何を習っていらっしゃいますか。

　　B: 最近何も習っていません。

6. A: さっき，私に電話されましたか。

　　B: いいえ，電話していません。/電話しませんでした。

文法 7　▶ 尊敬語②

応用練習 I

1. A: 日本語の先生は韓国の方でいらっしゃいますか。

　　B: いいえ，日本の方でいらっしゃいます。

2. A: 社長は今ここにいらっしゃいますか。

　　B: いいえ，いらっしゃいません。外出されました。

3. A: お母さんは昨日何をなさいました。

　　B: お祖父さんのお宅に行かれました。

4. A: お父さんが警察官でいらっしゃいますか。

　　B: 一昨年まで警察官でいらっしゃいました。今は料理人でいらっしゃいます。

5. A: ミクさん，韓国人の友達がいらっしゃいますか。

　　B: いいえ，いません。

6. A: お祖母さんにお誕生日プレゼントに何を差し上げましたか。

　　B: 何も差し上げていません。

文法 8 ▶ 用言語幹+지만

応用練習 I

1. A: 新居は気に入っていらっしゃいますか。

   B: リビングは広いけど部屋は狭いです。

2. A: キムチをよく召し上がりますか。

   B: お母さんはよく召し上がるけれど，私は食べません。

3. A: サンホさんから連絡が来ましたか。

   B: いいえ，メールを送ったけれど，返事がありません。

文法 9 ▶ 用言語幹+고

応用練習 I

1. A: スジンさんとユミさんの職業は何ですか。

   B: スジンさんは看護師で，ユミさんは映画監督です。

2. A: 最近ご両親はいかがお過ごしでしょうか。

   B: お父さんはゴルフをされて，お母さんは英語を習っていらっしゃいます。

3. A: 夕食に何を食べますか

   B: 私はチャジャンミョンを食べて，弟（妹）はチャンポンを食べます。

文法 10 ▶ 動詞語幹+고 싶다/싶어하다

応用練習 I

1. A: 夏休みに何をしたいですか。

   B: 自動車教習所に通いたいけど，時間がありません。

2. A: 夕食として何を作りたいですか。

   B: カレーを作りたいけど，家族が嫌がります。

3. A: 高校生の時，何になりたかったですか。

   B: ユーチューバーになりたかったけど，今はパソコンの専門家になりたいです。

文法 11 ▶ 用言語幹＋아서/어서

応用練習 I

1. A: どうして昨日は来なかったですか。
   B: 熱があって行きませんでした。／熱があったからです。
2. A: どうしてケーキを作りますか。
   B: 友達の誕生日だから作ります。／友達の誕生日だからです。
3. A: どうしてお父さんは早くお休みになりますか。
   B: 朝早く出勤されるので，早くお休みになります。／朝早く出勤されるからです。

文法 12 ▶ 動詞語幹＋아/어 주다

応用練習 I – 1

1. 道をちょっと教えてください。／教えて頂けますか。
2. 傘を貸してください。／貸して頂けますか。
3. サイズを交換してください。／交換して頂けますか。

応用練習 I – 2

1. A: 宿題を／はどうやって分かりましたか。
   B: 友達が電話して教えてくれました。
2. A: そのカバン，新しく買いましたか。
   B: はい。セールをしていたので，お母さんが買ってくださいました。
3. A: どうして私のCDを友達に貸しましたか。
   B: 友達が聴きたがっていたので，貸しました。

文法 13 ▶ 用言語幹＋면/으면

応用練習 I

1. A: 宝くじに当選したら，何がしたいですか。
   B: 家と車を買って，旅行も行きたいです。

2. A: 風をひいたらどうしますか。

   B: 薬を飲んでゆっくり休みます。

3. A: 秋になったら何をしたいですか。

   B: 本をたくさん読んで，紅葉狩りもしたいです。

文法 14 　▸ 用言語幹＋ㄹ까요／을까요?

応用練習Ⅰ

1. A: 時間があれば，お茶しましょうか。

   B: すみませんが，まもなく会議が始まります。

2. A: 欲しいものがあれば，私が買ってあげましょうか。

   B: 気持ちはありがたいけど，大丈夫です。

3. A: タクシーに乗ったら，ここから空港までどれぐらいかかりますか。

   B: すぐ着きますが，退勤時間は／には道が混みます。

文法 15 　▸ 用言語幹＋지요(죠)

応用練習Ⅰ

1. A: 結構忙しいでしょう。その仕事，私がやって差し上げましょうか。(しましょうか。)

   B: はい，申し訳ないですが，やってください。

2. A: 昨日のあの本面白かったでしょう。この本も貸して差し上げましょうか。(お貸ししましょうか)

   B: はい，すみませんが，貸してください。

3. A: 日本の方でいらっしゃいますよね。私が通訳して差し上げましょうか。(通訳しましょうか)

   B: はい，お手数おかけしますが，通訳してください。

文法 16 ▸ 動詞語幹＋ㅂ시다／읍시다

応用練習 I

1. A: この服，着ないなら，ネットにアップして売りましょうか。

    B: はい，この服と靴も売りましょう。

2. A: 時間があれば，お弁当を準備して行きましょうか。

    B: はい，お弁当と飲み物も準備しましょう。

3. A: 韓国に行ったら，漢江に行ってチメクしましょうか。

    B: はい，チメクとチャジャン麺も頼みましょう。（注文しましょう。）

文法 17 ▸ 用言語幹＋겠

応用練習 I

1. A: 明日誰がお店を開けますか。

    B: 私が早く来て開けます。

2. A: 資料は誰が作成されますか。

    B: 私が調べて作ります。

3. A: 予約はいかがなさいますか。

    B: インターネットで調べて私がします。

文法 18 ▸ 動詞語幹＋러／으러

応用練習 I

1. A: どうして学院に通っていますか。

    B: 韓国語を習いに通っています。一緒に習われますか。

2. A: どうして利川に行きますか。

    B: 陶磁器を作りに行きます。一緒に作られますか。

3. A: どうして外に出ますか。

    B: 風に当たりに行きます。一緒に出られますか。

文法 19 ▶ 動詞語幹+고 있다

応用練習 I

1. A: お母様はどこに行かれますか。
   B: 具合が悪くて病院に行かれています。
2. A: 今どこにいらっしゃいますか。
   B: お金が必要なので，銀行でお金をおろしています。
3. A: 夜食は/に何を作っていらっしゃいますか。
   B: 辛い食べ物が好きなので，トッポッキを作っています。

文法 20 ▶ 動詞語幹+아/어 있다

応用練習 I

1. A: 今日一日中並んでいて，疲れました。
   B: あら，大変でしたね。
2. A: 合格者名簿に私の名前が書いてあったので，嬉しかったです。
   B: うわ！　良いですね。
3. A: 人々がたくさん集まっていて，道が混んでいました。
   B: お疲れでしょうね。

文法 21 ▶ 時制のずれ

応用練習 I

1. A: もう到着しましたか。
   B: まだ到着していません。
2. A: 授業が終わりましたか。
   B: 終わっていません。
3. A: 食事されてましたか。
   B: まだしていません。
4. A: 失礼ですが，ご結婚されていますか。
   B: はい，結婚しています。

5. A: あの方が亡くなられましたか。

　　B: はい，昨年亡くなられました。

6. A: ゴウンさんはお母さんに似ていますか。

　　B: はい，母に似ています。

応用練習Ⅰ－1

1. A: 英語の新聞を読むことができますか。

　　B: 英語の新聞は読めないけど，韓国語の新聞は読めます。

2. A: サッカーができますか。

　　B: サッカーはできないけど，水泳はできます。

3. A: トッポッキを作ることができますか。

　　B: トッポッキは作れないけれど，チャプチェは作れます。

応用練習Ⅰ－2

1. A: 週末に一緒に遊べますか。

　　B: 来週が試験なので会えません。

2. A: 冷麺を召し上がれますか。

　　B: アレルギーがあって食べられません。

3. A: 1時間後に出発できますか。

　　B: 仕事が溜まって出発できません。

応用練習Ⅰ

1. A: 昨年，クリスマスのプレゼントを誰からもらいましたか。

　　B: 学院の先生からです。/学院の先生です。

2. A: 明日，朝6時に出発します。

　　B: そんなに早くですか。

3. A: 昨日どうして徹夜しましたか。

B: 今日試験があるからです。

文法 24 ▶ 用言語幹＋네요

応用練習 I

1. A: 会議がまだ終わっていません。

   B: まだ終わっていないなら，今日は残業でしょうね。

2. A: ミカさんはアメリカで10年暮らされました。

   B: アメリカで10年過ごされたなら，英語がお上手でしょうね。

3. A: お父さんは1時間前に出発されました。

   B: 1時間前に出発されたなら，もう到着されたでしょうね。

文法 25 ▶ 動詞語幹＋ㄹ게요／을게요

応用練習 I

1. A: 失礼ですが，金社長に代わって頂けますか。

   B: はい，わかりました。代わって差し上げます（代わらせていただきます）。

2. A: すみませんが，小包をちょっと受け取って頂けますか。

   B: はい，わかりました。受け取って差し上げます。

3. A: 申し訳ないですが，後でご連絡頂けますか。

   B: はい，わかりました。後でご連絡差し上げます。

文法 26 ▶ 用言語幹＋니까／으니까

応用練習 I

1. A: ミナさんが遅れるので，先に食べましょうか。

   B: もう少し待ちましょう。ミナさんが主人公ですから。

2. A: この間，チケットを買えなかったから，はやく予約しましょうか。

   B: 今回は大丈夫です。もう予約しましたから。

3. A: 先生は仕事が終わっていないから，私たち二人で行きましょうか。

   B: 今度行きましょう。先生が行かれないから。

文法 27 ▶ 動詞語幹＋아/어 보다

応用練習Ⅰ

1. A: 参鶏湯，召し上がってみましたか。（召し上がったことがありますか。）
   B: いいえ，まだ食べてみたことがありません。
   A: 体にいいから，一度召し上がってみてください。
   B: はい，食べてみます。

2. A: ケーキを作ってみましたか。
   B: いいえ，まだ作ってみたことがありません。
   A: 難しくないので，一度作ってみてください。
   B: はい，作ってみます。

3. A: 高速道路で運転してみましたか。
   B: いいえ，まだしてみませんでした。
   A: 気分転換になるので，一度してみてください。
   B: はい，やってみます。

文法 28 ▶ 現在連体形

応用練習Ⅰ－1

1. A: どうしてもう引っ越すんですか。
   B: 今住んでいる家が気に入らないからです。
2. A: どうしていつもカメラを持ち歩くんですか。
   B: 写真を撮ることが私の趣味だからです。
3. A: どうしてオンラインで韓国語を習うんですか。
   B: 近くに韓国語が勉強できるところがないからです。

応用練習Ⅰ－2

1. A: どんなカフェによく行きますか。
   B: きれいで静かなカフェによく行きます。
2. A: どんな料理を食べたいですか。
   B: 美味しくて辛くない料理を食べたいです。

3. A: どんな本を探していますか。

　　B: 面白くて感動的な本を探しています。

文法 29　▶ 過去連体形

応用練習 I－1

1. A: その写真素敵ですね。いつ撮ったんですか。（いつ撮ったものですか。）

　　B: 夏休みの時，沖縄で撮ったものです。

2. A: うわ，美味しいですね。誰が作ったんですか。（作ったものですか。）

　　B: 私が作ったものです。

3. A: これもう全部されたんですね。どうやってされたんですか。

　　B: 友達がやってくれたんです。

応用練習 I－2

1. A: もらったプレゼントの中で，一番良かったプレゼントは何ですか。

　　B: 一番良かったプレゼントはノートパソコンです。

2. A: 担当していた仕事の中で，一番大変だった仕事は何ですか

　　B: 一番大変だった仕事は営業です。

3. A: 今まで会った人の中で一番楽だった人は誰ですか。

　　B: 一番楽だった人は元カノです。

文法 30　▶「用言語幹＋던」，「用言語幹＋았던 / 었던」

応用練習 I

1. A: これはいつ着ていた服ですか。

　　B: 昔着ていた服だったけれど，今はたまに着ています。

2. A: あれは誰が使っていたカバンですか。

　　B: お父さんが使われていたカバンですが，今は弟 / 妹が使っています。

3. A: このCDは誰が聴いていたものですか。

　　B: 母が聴いていたCDだったけれど，今は私が聴いています。

応用練習 I

1. A: どうしてこの論文を読まないんですか。

B: 読む論文が溜まって，読む余裕がありません。

2. A: どうしてマートで何も買わないんですか。

B: 家に食べるものが残っていて買う必要がありません。

3. A: どうしてあの人に告白しないんですか。

B: 彼氏がいる可能性が高いので，成功する可能性がないです。

文法 32　▶用言語幹＋ㄹ/을 때

応用練習 I

1. A: 家族に会いたい時，どのようになさいますか。

B: 家族に会いたい時は，一緒に撮った写真を見ます。

2. A: ストレスを受けた時，どのようになさいますか。

B: ストレスが溜まっている時は，美味しい食べ物を食べます。

3. A: 風邪をひいた時，どのようになさいますか。

B: 風邪をひいた時は，温かい生姜茶を飲みます。

文法 33　▶用言語幹＋ㄴ데/은데/는데

応用練習 I

1. A:コウンさんと友達になりたいんですが，紹介して頂けますか。

B:コウンさんとあまり親しくないですが。

2. A:英語でメールが来たんですが，翻訳して頂けますか。

B:英語はよくできないんですが。

3. A:コンピューターが壊れましたが，直して頂けますか。

B:私，機械音痴なんですが。

文法 34 　▶ 動詞語幹+ㄴ/은 적이 있다/없다

応用練習Ⅰ

1. A: 韓国のチャジャン麺を召し上がってみたことがおありですか。

B: いいえ，ドラマで見たことはありますが，食べてみたことはありません。

2. A: フリーマーケットで服を売ったことがおありでしょうか。

B: いいえ，服を買ったことはありますが，売ったことはありません。

3. A: 韓国の会社の面接を受けたことがおありでしょうか。

B: いいえ，履歴書を出したことはありますが，面接を受けたことはありません。

文法 35 　▶ 用言語幹+ㄹ/을 것이다

応用練習Ⅰ

1. A:休暇の時，何をするつもりですか。

B:台湾に友達がいるので，会いに行くつもりです。

2. A:お店は何時に開けるつもりですか。

B:昨日仕事が遅く終わったので，今日は午後に開けるつもりです。

3. A:週末に中国語の学院に通うつもりですか。

B:時間が合わないので，通わないつもりです。

文法 36 　▶ ㄹ語幹用言

応用練習Ⅰ

1. A: キムチを買いたいんですが，売っているところをご存知ですか。

B: 地下１階で売っていますが。

2. A: 最近仕事が多くて大変です。

B: 大変なら，いつでもおっしゃってください。

3. A: 先生のお宅はここから遠いですか。

B: 車で行けば，それほど遠くありません。

4. A: 匂いがするので，窓を開けましょう。

B: はい，私が開けます。

応用練習 I

1. A: 今住んでいる家は，駅から近いですか。
   B: はい，駅から近くてとても便利です。
2. A: 荷物がとても重いので，手伝ってください。
   B: 荷物が重いなら，私がお手伝いします。
3. A: この間，手伝って頂いてありがとうございました。
   B: また大変なことがあればおっしゃってください。
4. A: もったいないので全部召し上がってください。
   B: もったいないけれど，これ以上食べられません。

文法 38 ▶ ㄷ変則用言

応用練習 I

1. A: ひとつお尋ねしてみたいんですが。
   B: はい，なんでもお尋ねください。
2. A: 学校から家まで歩いてみたことがありますか。
   B: 一度歩いてみましたが，とても大変でした。
3. A: この記事，明日（の）新聞に載せるつもりですか。
   B: まだ正確ではないから，今度載せましょう。

文法 39 ▶ ㅅ変則用言

応用練習 I

1. A: 水をどれくらい注ぎましょうか。
   B: 印がある所まで注いでください。
2. A: どこに名前を書きますか。
   B: 線を引いたところに書いてください。
3. A: 脱いだ服をどこに入れましょうか。
   B: 脱いだ服はここに入れてください。

4. A: コウンさんの名前は誰が付けましたか。

    B: お父さんが付けてくださった名前です。

文法 40 ▶ ㅎ変則用言

応用練習Ⅰ

1. A: どんなカバンを買うつもりですか。

    B: 黒くて軽いカバンを買いたいです。

2. A: あの人は以前にもあんなことをしたことがありますか？

    B: いいえ，以前にはそのようなことはしなかったのに，人が変わりました。

3. A: これジウさんに買ってあげたいんですが，どうですか。

    B: デザインも良くて色も白いので，よく似合いそうですね。

文法 41 ▶ ㅇ変則用言

応用練習Ⅰ

1. A: お腹が空きましたが，食べるものがありますか。

    B: お腹が空いたなら，これでも少し召し上がってください。

2. A: 旅行の費用をどれくらい貯めましたか。

    B: まだ100万ウォンしか貯めることができなかったので，もっと貯めるつもりです。

3. A: この映画は面白いけれど，ちょっと悲しいですね。

    B: はい，私は悲しい映画より，面白い映画が見たかったですが。

4. A: 赤色で名前を書いて怒られました。

    B: これからは黒色で書いてください。

応用練習Ⅰ

1. A: 日本の生活どうですか。大変ですか。

B: 楽しいですが，以前より物価が上がったので大変ですね。

2. A: この歌聞いてみましたか。

B: 誰が歌っていますか。こんなに良い歌を今まで知らなかったですね。

3. A: 長い髪を切りましたね。何かありましたか。

B: ただ暑すぎるので，切ってみました。

文法 43 ▸ 連体形＋것 같다

応用練習Ⅰ

1. A: 今日キムチチゲを食べに行きましょうか。

B: 裕太さんが辛い物を食べられないから，嫌がりそうです。

2. A: あそこで待っている人は誰でしょうか。

B: 田中さんに似ているから田中さんの弟／妹だと思います。

3. A: 授業はもう終わったでしょうか。

B: あと5分だからもうすぐ終わると思います。

4. A: 今日早く退勤できるでしょうか。

B: 部長がまだ戻られていないので，難しそうです。

文法 44 ▸ 連体形＋편이다

応用練習Ⅰ

1. A: 最近習っている韓国語はどうですか。

B: 文法は易しいですが，発音が難しいほうです。

2. A: 辛い食べ物をよく召し上がりますか。

B: 好きですが，あまり食べられないほうです。

3. A: 休日，何をなさいますか。

B: たまに友達と遊びますが，主に家にいるほうです。

文法 45 ▶ 動詞語幹＋지 말다

応用練習Ⅰ

1. A: 窓を開けたいんですが。
   B: 窓を開けないで，エアコンをつけてください。
2. A: 最近よく眠れないんですが。
   B: ではコーヒーを飲まないで，牛乳を召し上がってください。
3. A: 目がとても痛いんですが。
   B: 我慢しないで，病院に行ってみてください。

文法 46 ▶ 用言語幹＋면／으면 되다, 면／으면 안 되다

応用練習Ⅰ

1. A: 明日9時に行けばいいですか。
   B: はい，会議が始まる9時に来ればいいです。
   C: いいえ，9時に来てはいけません。もっと早く来てください。
2. A: これを全部片付ければいいですか。
   B: はい，ここにあるものを全て片付ければいいです。
   C: いいえ，全部片付けてはいけません。そのまま置いてください。
3. A: 品物をどこで売ればいいですか。
   B: たくさんの人が利用するサイトで売ればいいです。
   C: 物をむやみに売ってはいけません。もう一度考えてみてください。

文法 47 ▶ 用言語幹＋아도／어도

応用練習Ⅰ

1. A: 食事されましたか。
   B: はい，私はいくら忙しくてもご飯は必ず食べます。
2. A: 論文全部終えられましたか。
   B: いいえ，いくら書いても終わりが見えません。
3. A: パソコンが壊れましたか。

B: はい，電源ボタンをいくら押しても（電源が）入りません。

文法 48 ▶ 用言語幹＋아도/어도 되다

応用練習Ⅰ

1. A: 会社の近くなんですが，ちょっと立ち寄ってもいいですか。

　 B: はい，暇なので今いらっしゃってもいいです。

2. A: 荷物が多いんですが，ちょっと車に載せてもいいですか。

　 B: いいえ，座る席がないので，載せてはいけません。

3. A: 寒いんですが，ちょっと窓を閉めてもいいですか。

　 B: はい，ちょっと寒いから閉めてもいいです。

4. A: うるさいんですが，テレビを消してもいいですか。

　 B: いいえ，まだ終わってないので消してはいけません。

文法 49 ▶ 用言語幹＋아야/어야 하다

応用練習Ⅰ

1. A: 韓国の大学に行きたいんですが，どうすればいいですか。

　 B: 韓国の大学に行きたければ，韓国語能力試験を受けなければなりません。

2. A: 客室乗務員になりたいんですが，必ず女性じゃなければならないですか。

　 B: いいえ，だけど客室乗務員になりたければ，英語が上手じゃなければなりません。

3. A: 韓国の会社で働きたいんですが，ビザがなくてはならないですか。

　 B: 外国人なら，ビザをもらわなければなりません。

文法 50 ▶ 動詞語幹＋ㄹ래요/을래요

応用練習Ⅰ

1. A: 今日友達に会いますが，一緒に行きますか。

　 B: 体調が良くないので，今日は休みます。

2. A: 天気が良いですが，少し歩きますか。

B: 花粉症が酷いので，家にいます。

3. A: お母さんの誕生日ですが，料理は何を作りますか。
   B: 母がチャプチェが好きだから，チャプチェを作ります。

文法 51 ▶ 動詞語幹+ㄴ/은 지

応用練習Ⅰ

1. A: その店が（新しく）オープンしてからどれくらいになりましたか。
   B: 1週間経ちましたが，お客さんがあまり多くありません。
2. A: 留学に来てからどれくらいになりましたか。
   B: 3か月が過ぎましたが，まだ慣れません。
3. A: 今の会社に就職してからどれくらいになりましたか。
   B: まだあまり経っていないのに，もう辞めたいです。

文法 52 ▶ 用言語幹+기 때문에

応用練習Ⅰ

1. A: どうして昨日遅くまで働いたんですか？
   B: やらなければならないことが多かったため，残業しました。
2. A: どうしてドイツに留学に行ったんですか。
   B: 有名な教授が推薦してくださったので，留学に行きました。
3. A: その人にどうして挨拶をされなかったんですか。
   B: 全く知らない人なので，挨拶しませんでした。

文法 53 ▶ 動詞語幹+려고/으려고 하다

応用練習Ⅰ

1. A: 後で退勤したら，何をするつもりですか。
   B: 昨日寝れなかったので，（帰ったら）すぐ寝ようと思っています。
2. A: 久しぶりに友達に会ったら，何をするつもりですか。
   B: 友達が，たこ焼きが好きなので，家で一緒に作ろうと思っています。

3. A: 韓国に行ったら，何をするつもりですか。

B: 陶磁器に関心（興味）があるので，利川陶磁器村に行ってみようと思っています。

文法 54 ▶ 用言語幹+거든요

応用練習 I

1. A: どうして辛い食べ物を召し上がらないんですか。

B: 胃が弱いので食べることができないんですよ。

2. A: どうして宿題を出されなかったんですか。

B: うっかり忘れてできなかったんですよ。

3. A: どうして他のものに交換されましたか。

B: 色が赤すぎて気に入らなかったんですよ。

文法 55 ▶ 用言語幹+잖아요

応用練習 I

1. A: 今日休日なのに，どこに行かれますか。

B: 韓国語能力試験があるので，試験を受けに行かなければならないじゃないですか。

2. A: 月末なのに，もう退勤されるんですか。

B: はい，課長が昇進されて，今日会食するじゃないですか。

3. A: あの方はそんなに有名ではないのに，どうしてご存知なんですか。

B: 私，顔が広いので知り合いが多いじゃないですか。

文法 56 ▶ 用言語幹+기 전에, 用言語幹+ㄴ/은 후에

応用練習 I

1. A: ご飯を炊く前にチゲを作ってもいいでしょうか。

B: ご飯を炊いた後に作ってください。

2. A: 連絡が来る前に前もって品物を載せてもいいですか。

B: 連絡をもらった後に品物を載せてください。

3. A: 掃除する前に窓を開けてもいいですか。

B: 掃除を終えた後に窓を開けてください。

文法 57　▸ 用言語幹+기

応用練習 I

1. A: そのノートパソコンは使いやすいですか。

B: いいえ，速度が遅くて重いので，使いにくいです（使うのが不便です）。

2. A: 最近就職しやすいですか。

B: いいえ，景気が良くないので就職しにくいです（就職することが大変です）。

3. A: この問題，解きにくいですか。（解くのが難しいですか）

B: はい，複雑で間違いやすいです。

文法 58　▸ 動詞語幹+기로 하다

応用練習 I

1. A: サッカーサークルに入ることにしたんですが，一緒にしますか。

B: 時間がなさそうです。アルバイトをすることにしたんですよ。

2. A: ダンススクールに通うことにしたんですが，一緒に通いますか。

B: 通えなさそうです。来月から学院で英語を習うことにしたんですよ。

3. A: 学校の近くに大きい部屋を借りることにしたんですが，一緒に住みますか。

B: 難しいと思います。すでに他の友達と一緒に住むことにしたんですよ。

文法 59　▸ 用言語幹+게

応用練習 I

1. A: 私たちどこに座らなければなりませんか。

B: 席が多いので，どこでも楽に座ってください。

2. A: 必要なものはいつ買わなければなりませんか。

B: 来月にデパートでセールをするから，その時安く買ってください。

3. A: いつ部屋を掃除しなければなりませんか。

 B: まもなくお客様が来るので，今きれいに掃除しなければなりません。

文法 60 ▶ 形容詞語幹＋아지다 / 어지다

【応用練習Ⅰ】

1. A: 10年ぶりに行った学校はどうでしたか。

 B: 学校の近くにあったカフェがなくなりました。

2. A: 今回受けた試験は易しかったですか。

 B: 昨年は易しかった問題がとても難しくなりました。

3. A: 故郷にいらっしゃるご両親は，健康はいかがでしたか。

 B: 健康でいらっしゃったお母さんが，目がとても悪くなっていました。

文法 61 ▶ 用言語幹＋면서 / 으면서

【応用練習Ⅰ】

1. A: 会議をどのような方法でしますか。

 B: 全員の意見を聞きながらします。

2. A: 韓国語の勉強をどのような方法でしますか。

 B: ドラマを見ながら表現を学んでいます。

3. A: 先生はどんな方ですか。

 B: いつも笑いながらお話される方です。

文法 62 ▶ 形容詞語幹＋아 / 어 보이다

【応用練習Ⅰ】

1. A: ここで売っているトッポッキ，美味しそうに見えますね。

 B: 美味しそうに見えますが，少し辛いほうです。

2. A: 明日会う人，良さそうですね。

 B: そう見えるけれど，実は性格が気難しいほうです。

3. A: ミラさんが付き合っている人，誠実そうですね。

B: 誠実そうに見えますが，約束の時間によく遅れるほうです。

文法 63　▶ 動詞語幹＋아/어 버리다

応用練習 I

1. A: どうして必要なものをお買いにならなかったんですか。
   B: 今月のお小遣いを全部使ってしまったので，買えませんでした。
2. A: どうしてクリスマスに一人で過ごされたんですか。
   B: 彼女と別れてしまったので，一人で過ごしました。
3. A: どうして食べ物をお捨てになったんですか。
   B: 料理が全部焦げてしまったので，食べられなかったです。

文法 64　▶ 用言語幹＋거나

応用練習 I

1. A: 勉強するのが嫌な時どうしますか。
   B: 映画を見たり，友達とおしゃべりしたりします。
2. A: 単語が分からない時，どのようにしますか。
   B: 先生に質問したり，辞書を引いたりします。
3. A: 家を探すとき，どのようにしますか。
   B: 不動産に行ったり，インターネットで調べたりします。

ㄱ

ㄴ

ㄷ

著者プロフィール

渡邊 香織 (わたなべ かおり 와타나베 카오리)

慶熙大学 政治外交学科卒
北韓大学院大学 北韓学科修士課程修了
千葉大学大学院 人文公共学府博士前期課程修了
千葉大学大学院 人文公共学府博士後期課程在学中（2022年10月現在）
韓国語教師養成課程修了後、現在、専門学校などで韓国語を教える。

朴 庚卿 (パク ユギョン 박유경)

法政大学大学院 博士（学術）
現在、長崎外国語大学国際コミュニケーション学科特任講師。
著書に『ワンアクション韓国語』共著（朝日出版社 2022）などがある。

河 正一 (ハ ジョンイル 하정일)

大阪公立大学 国際基幹教育機構院
日本韓国研究会 会長（2022年10月現在）

韓国語初級文法ハンドブック

2022年12月15日　初版 1 刷発行

著　者	渡邊 香織・朴　庚卿・河　正一
DTP・印刷・製本	株式会社フォレスト
発行	駿河台出版社
	〒101-0062　東京都千代田区神田駿河台 3-7
	TEL：03-3291-1676　FAX：03-3291-1675
	www.e-surugadai.com
発行人	井田 洋二